Andreas Erle

Digitale Welt für Einsteiger

Windows 10

Inhaltsverzeichnis

39

Datenschutz-Ein-
stellungen: Was
bedeuten die Op-
tionen eigentlich
im Detail?

12

Lohnt sich der
Umstieg? Wann
Sie sofort umstei-
gen sollten – und
wann Sie noch
warten können.
Bis Juli 2016 ist
das Upgrade für
viele kostenlos.

43

Das Startmenü
ist zurück! So
passen Sie es an.

Windows 10

157

Für welche der Microsoft Office-Versionen sollte ich mich ent-scheiden?

61

Hilfreiche Wisch-gesten & Tasten-kombinationen

118

Wie Sie die Adressen Ihrer Freunde verwal-ten, mit Ihnen per E-Mail und Skype in Kontakt bleiben sowie Zeit und Treffpunkt ausmachen.

Willkommen bei Windows 10

Es war ein langer Weg bis Windows 10 – nicht nur für Microsoft. Sicher kennen Sie eine oder mehrere der Vorgängerversionen des Betriebssystems. Nun haben Sie sich zum Update auf Windows 10 entschlossen oder es bereits ausgeführt. Dieses Kapitel begleitet Sie bei diesem Vorgang und bei der Erstellung eines Microsoft-Kontos. Zusätzlich finden Sie Hinweise zu den grundlegenden Einstellungen – nicht zuletzt zum Datenschutz.

Von MS-DOS bis Windows 8.1

Ganz am Anfang der PC-Ära war der Bildschirminhalt noch alles andere als bunt: Das Standard-Betriebssystem MS-DOS, das Microsoft Disk Operating System, bestand aus ein bisschen Text auf schwarzem Bildschirm, eine Eingabeaufforderung, in die der Benutzer Befehle eingeben konnte. Erst 1985 kam mit Windows 1.0 die erste Version der „grafischen Benutzeroberfläche" auf den Markt. Damals noch mit wenig Resonanz der Anwender, stellte sie doch nur eine bunte Oberfläche ohne großartigen Mehrwert in Form von speziellen Programmen dar.

Erst 1992, mit der Veröffentlichung von Windows 3.1, kamen viele der heute selbstverständlichen Funktionen hinzu, beispielsweise die bis heute als Kernpunkt verwendete Multimediaunterstützung von Bildern, Musik und Videos, die „Drag and Drop"-Funktionalität, mittels derer Elemente markiert und an einen anderen Ort verschoben werden konnten, und vieles mehr.

Fragt man langjährige Windows-Anwender nach einem typischen Merkmal von Windows, fällt den meisten auf Anhieb der „Start"-Knopf unten links am Bildschirm ein, der zum Starten von Programmen und Ausführen von Funktionalitäten in Windows benutzt wird – dabei wurde dieser erst 1995 mit dem Marktstart von Windows 95 eingeführt.

Nach mehreren Updates und Zwischenversionen kam Ende 2001 die Windows-Version auf den Markt, die die meisten Anwender kennen: Windows XP (als Abkürzung für Experience, Microsoft

wollte die Nutzererfahrung verbessern). Unvergessen der Hintergrund mit der grünen Wiese, der standardmäßig vorinstalliert war und selbst heute noch auf dem einen oder anderen PC zu sehen ist.

Vorsicht allerdings: Auch wenn die Zahl der PCs, auf denen Windows XP läuft, immer noch sehr hoch ist: Seit April 2014 ist auch die letzte Unterstützung durch Updates seitens Microsoft beendet, und Mitte 2015 endete die Aktualisierung der Signaturen für die Erkennung von Schadprogrammen. Wer noch nicht umgestiegen ist, der sollte dies dringend tun!

Dann eine echte Revolution im Jahr 2012: Mit Windows 8 stellte der Redmonder Softwarekonzern eine Windows-Version vor, die sich deutlich von den bisherigen Versionen unterschied: Statt Startmenü und Fenstern begrüßten den Anwender kleine Kacheln, die jeweils für ein Programm, eine Funktion oder eine Datei standen und durch Anklicken oder aber – bei Smartphones schon lange zum Standard gehörend – Antippen mit dem Finger auf einem Touchscreen ausgeführt werden konnten. Die klassische Desktop-Ansicht, wie man sie von älteren Windows-Versionen kannte, war zwar noch vorhanden, trat aber in den Hintergrund. Kaum eine Windows-Version hat für so viele Diskussionen bei den Benutzern gesorgt wie diese: Die einen fanden die Kachelbedienung toll und unkompliziert, die anderen bemängelten das Fehlen des gewohnten Startmenüs. Mit der Version 8.1 von Windows Ende 2013 reagierte Microsoft auf diese Kritik und führte zumindest die Möglichkeit ein, wieder direkt in der klassischen Desktop-Ansicht zu starten. Auch die „Start"-Schaltfläche wurde wieder eingeführt, allerdings brachte auch diese das Startmenü nicht zurück. Anbieter von Zusatzprogrammen, die das Startmenü nachbauten, hatten Hochkonjunktur.

Windows 10: Gegenwart und Zukunft

Nun sollte mit dem Nachfolger alles besser werden, und so wurde für 2015 folgerichtig Windows 9 erwartet. Groß war die Überraschung, als die tatsächlich angekündigte Version „Windows 10" hieß. Die Vermutungen über den Grund dieses Versionsnummern-Sprungs gehen weit auseinander: Von Entwickler-Gründen (viele alte Programme wollen wissen, ob die Windows-Version „schon" Windows 95 oder 98 ist, und nutzen dafür die Abfrage „Kommt im Namen „Windows 9" vor?") über Marketingtaktik („Windows 10 ist ein so riesiger Sprung von Windows 8.1, dass eine Versionsnummer nicht reicht!") bis hin zu sprachlichen Hindernissen („Das englische Windows Nine" klingt im Deutschen wie „Windows? Nein.").

Wie auch immer: Mit Windows 10 hat Microsoft versucht, das Beste aus den Welten von Windows 7 und Windows 8 zusammenzufassen und zu optimieren:

Die Oberfläche

Sosehr sich die Anwender eines Windows-Gerätes mit Touch-Bildschirm über die Kacheloberfläche gefreut haben, sosehr hat sich gezeigt, dass diese bei Nutzung eines Gerätes mit Tastatur und Maus den optimalen Arbeitsablauf behinderte. Aus diesem Grund ging Microsoft einen vermeintlichen Schritt zurück und hat für solche Geräte den sogenannten Desktopmodus zum Standard gemacht: Sind Tastatur und Maus vorhanden (bzw. bei einem Tablet angeschlossen), wird automatisch die klassische Desktop-Ansicht angezeigt. Die Kacheln finden sich dann nur noch im Startmenü. Entfernen Sie aber die Tastatur und Maus, indem Sie sie abnehmen oder ausschalten, schaltet Windows 10 in den sogenannten Tabletmodus um: Das aus Kacheln bestehende Startmenü wird zur

Standard-Ansicht. Wer diesem Automatismus nicht vertraut oder die eine oder andere Ansicht als Standard verwenden möchte, der kann natürlich auch manuell entscheiden, wie er arbeiten möchte.

Mit diesem gelungenen Spagat zwischen Kachel- und Desktop-Welt können Sie die für sie passendere Arbeitsweise auswählen, ohne auf die Vorteile der jeweils anderen verzichten zu müssen.

Ein Programm für alle Bildschirmgrößen

Vor Windows 10 gab es unterschiedliche Windows-Versionen für unterschiedliche Geräte: eines für Desktops/Notebooks, kurzzeitig mit Windows RT sogar eine andere für Tablets, Windows Phone war ein separates Betriebssystem, die XBOX als Spielekonsole hatte ein eigenes Betriebssystem etc. Unterschiedliche Betriebssysteme bedeuten auch unterschiedliche Programme und Apps, die zwar ähnlich sein mögen, sich aber an der einen oder anderen Stelle unterscheiden. Ganz zu schweigen von den mehrfach anfallenden Anschaffungskosten.

Windows 10 schafft nun erstmalig, als ein Betriebssystem auf all diesen Gerätetypen zu laufen. Das heißt aber nicht, dass es überall gleich aussieht: Die Darstellung wird automatisch an das Endgerät angepasst, auf dem es läuft. Andererseits erlaubt „Continuum" sogar, dass geeignete Windows-Smartphones und -Tablets durch Anschluss an einen großen Monitor oder Fernseher wie ein vollwertiges Notebook mit Tastatur und Maus funktionieren. Auch bei den Apps nutzt Microsoft dies aus: Viele Anwendungen werden sogenannte „Universal Apps", die ebenfalls auf allen Geräten laufen und damit nur einmal angeschafft werden müssen.

Die Einbettung in die Microsoft-Welt

Windows 10 hat noch einen weiteren Vorteil: Es ist Teil der großen, geräteübergreifenden Windows-Familie. Legen Sie ein Dokument auf Ihrem Rechner zu Hause an, können Sie es unterwegs auf Ihrem Windows Phone mit den mobilen Versionen von Word, Excel und Powerpoint weiterbearbeiten (siehe „Microsoft Office", S. 157).

Auch Apple und Google haben viele Dienste und Funktionen, die deren Notebooks mit anderen Geräten wie PC, Tablet oder Smartphone verbinden – bei Microsoft ist dies aber am weitesten ausgebaut: Ihre Dokumente und Daten (und immer mehr auch die Anwendungen) können auf dem PC, dem Notebook, dem Tablet und dem Smartphone verwendet werden und stehen Ihnen immer zur Verfügung, egal, an welchem Gerät Sie sich gerade befinden. Dies können die Konkurrenten nur zum Teil sicherstellen.

Besonders die Verfügbarkeit Ihrer Dateien über den Online-Speicher OneDrive, die Synchronisation von Einstellungen und Konten und die Möglichkeiten der Kommunikation über Skype machen Ihre Daten immer und überall verfügbar.

Was kommt danach?

Wenn Sie jetzt aufgrund des Versions-Wirrwarrs vermuten, die nächste Version von Windows hieße vielleicht gleich „20": Microsoft hat bereits verlautbart, dass Windows 10 die letzte separate Windows-Version sein wird. Statt alle ein oder zwei Jahre eine neue, große Version auf den Markt zu bringen, soll Windows 10 kontinuierlich erweitert und verbessert werden und diese Verbesserungen automatisch im Rahmen des normalen Update-Prozesses auf Ihre Geräte gebracht werden.

All diese Punkte und noch viel mehr werden Sie auf den kommenden Seiten kennen- und lieben lernen.

Wie gut ist Windows 10 – lohnt sich der Umstieg?

Die Stiftung Warentest hat im Test herausgefunden, dass Windows 10 selbst auf älteren Rechnern gut läuft. Ein drei Jahre altes Notebook verkraftete das Update von Windows 7 auf Windows 10 problemlos. Nach der Umstellung fuhr es deutlich schneller hoch, auch der Akku hielt im Schnitt 40 Minuten länger als mit Windows 7. Allerdings ging das Kopieren von vielen kleinen Dateien in mehreren Unterordnern auf einen Schlag unter Windows 7 noch etwas schneller.

Kritikpunkt Datenschutz

Ein Kritikpunkt ist sicherlich die neue Datenschutz-Politik von Microsoft. Standardmäßig sind bei und nach der Installation von Windows 10 viele Optionen aktiviert, die Daten des Nutzers erfassen und auf Microsofts Servern speichern. Begründet wird das mit einer besseren Serviceleistung, das System müsse den Nutzer kennen, um ihm optimal helfen zu können. Die meisten dieser Optionen lassen sich allerdings wieder ausschalten (siehe „Der Update-Vorgang", S. 24 sowie „Windows und Datenschutz", S. 39).

Umsteigen oder Abwarten?

Die Frage lässt sich nicht allgemeingültig beantworten. Ob sich der Umstieg lohnt, müssen Nutzer letztlich selbst entscheiden. Sie haben bis Juli 2016 Zeit, das kostenlose Update in Anspruch zu nehmen. Entscheidend ist, ob Ihnen die neuen Funktionen und die neue Optik wichtig sind bzw. zusagen.

Einen schnellen Überblick über neue Funktionen und möglicherweise zu deaktivierende Optionen erhalten Sie auch in unserem kostenlosen Onlinespecial unter www.test.de/windows10-special.

Formfaktoren: stationär, mobil oder wandelbar?

Ob sie nun ein neues Gerät kaufen oder ein Gerät mit Windows 7 oder Windows 8 auf die neueste Version des Betriebssystems aktualisieren: vielleicht sind sie ein bisschen unsicher, da Windows 10 schon deutlich anders aussieht als seine Vorgänger. Keine Sorge! Dieses Kapitel begleitet Sie sicher durch die ersten Schritte.

Windows 10 hat den Vorteil, dass es auf einer Vielzahl von Geräten läuft und Ihnen so eine große Flexibilität bietet, wenn Sie das Betriebssystem möchten und ein Gerät für dessen Nutzung suchen. Das bedeutet aber nicht, dass es auf allen Geräten gleich aussieht. Vor allem auf Smartphones und Tablets kleiner als 7 Zoll (sogenannten Phablets) ändert sich die Oberfläche deutlich. Diese Geräteklassen sind in diesem Buch nicht berücksichtigt. Inzwischen kann man aber auch über große Tablets oder Microsofts Surface mobil sein. Sie sollten sich bei einer Neuanschaffung also überlegen, welcher Gerätetyp denn der richtige für Ihre Anwendungen ist. Im folgenden Abschnitt helfen wir Ihnen ein bisschen bei der Entscheidung.

Desktop oder mobil?

Keine Frage: Nicht nur die Arbeitswelt, auch das Privatleben wird immer mobiler und erwartet eine entsprechende Flexibilität auch von Ihren Endgeräten. War früher noch das große, stationäre Gerät der Standard, wandelt sich das immer mehr: Viele Anwender bevorzugen die Nutzung eines mobilen Gerätes wie eines Notebooks oder eines Tablets und schließen das dann zu Hause oder im Büro an Tastatur, Maus und Monitor an.

Wann also macht es Sinn, trotzdem einen PC zu nehmen? Vor allem dann, wenn Sie Ihr Gerät beliebig erweitern wollen. Denn die meisten Notebooks sind nur schwierig und teuer mit Arbeitsspeicher und zusätzlichen Festplatten (oder den schnelleren SSD-Festplatten) aufzurüsten – und meist passt nur eine Festplatte in das Gehäuse hinein. Wenn Sie spezielle Erweiterungskarten wie zum Beispiel zum Videoschnitt benötigen, lassen sich diese nur in ein Desktop-Gerät einbauen. Selbst wenn sie in einer Version für eine USB-Schnittstelle existieren, wie auch Notebooks sie haben, wird das Ganze natürlich immer stromhungriger und gleichzeitig weniger transportabel, je mehr Kabel damit verbunden sind.

Ein weiterer Faktor ist die Leistung und die damit einhergehende Notwendigkeit der Kühlung: Wenn Sie Anwendungen mit extremen Anforderungen an die Leistung des Gerätes haben, ist ein PC oft die bessere Wahl. Je höher die angeforderte Leistung an Prozessor und Grafikkarte sind, desto wärmer wird das Gerät und desto mehr muss es gekühlt werden. Das geht in einem Desktop-PC deutlich besser als in einem Notebook, wo der Platz für Luft und Kühlung einfach begrenzt ist. Und natürlich ist auch der Preis ausschlaggebend: Je leistungsfähiger das Gerät sein soll, desto mehr klaffen der Preis für Desktop und Notebook zuungunsten der portablen Lösung auseinander.

Zu guter Letzt bieten Ihnen die immer zahlreicher werdenden kleinen PC-Händler eine Entscheidungsvielfalt, die Sie bei den mobilen Geräten nicht haben: Ein Desktop-PC ist ein modulares System, das Sie von der Hauptplatine über Speichertypen, Festplatten, Grafikkarte, Netzteil, Gehäuse und nahezu unendlich viel mehr nach Ihren Wünschen zusammenbauen lassen können. Im Gegensatz dazu bekommen Sie ein Notebook in der Regel nur in einer sehr begrenzten Zahl von unterschiedlichen Konfigurationen.

Mobile Vielfalt: Notebook, Tablet oder Surface?

Wenn Sie sich für die mobile Variante entschieden haben, befinden Sie sich in guter Gesellschaft einer Vielzahl von Anwendern. Diese hohe Nachfrage sorgt auch dafür, dass es eine Vielzahl von Alternativen gibt, zwischen denen Sie sich entscheiden können. Sie alle haben eines gemeinsam: Sie lassen sich relativ einfach ein einen großen Monitor, eine Tastatur und eine Maus anschließen, um kaum noch einen Unterschied zu einem Desktop-PC spüren zu lassen.

Seit der Einführung von Windows 8 hat sich allerdings ein weiteres Qualitätsmerkmal etabliert, das durchaus einen Sinn hat: Der sogenannte Touchscreen, der berührungsempfindliche Bildschirm. Dieser erlaubt es Ihnen, Ihr Gerät statt mit der Maus mit dem Finger zu bedienen, wie Sie es von modernen Smartphones und dem iPad schon länger kennen. Da auch Windows 10 die Touch-Bedienung unterstützt, für die optimale Benutzererfahrung sogar nahezu erfordert, sollten Sie bei einem mobilen Gerät darauf achten, dass es einen solchen Touchscreen besitzt. Das spätere Nachrüsten mit einem entsprechenden Monitor ist deutlich teurer.

▶ **Notebooks:** Das Notebook (auch „Laptop" genannt, weil es auf dem Schoß, englisch „lap" positioniert werden kann) ist die klassische Form des portablen Gerätes. Die Tastatur ist fest verbunden, der Bildschirm wird aufgeklappt und als Mausersatz gibt es das Touchpad. Notebooks gibt es mit nicht berührungsempfindlichen Bildschirmen, aber auch mit Touchscreens. Sogenannte „Convertibles", bei denen sich der Touch-Bildschirm umklappen oder umdrehen lässt und so aus dem Notebook ein Tablet macht, sind die Königsklasse der Notebooks.

▶ **Tablets:** Das sind quasi Notebooks ohne eine feste Tastatur. Manche haben gar keine Tastatur, andere haben eine abnehmbare Tastatur (sogenannte „Multimode-Geräte", weil sie als Tablet und als Notebook nutzbar sind). Eines aber haben sie gemeinsam: Sie sind mit dem Finger bedienbar, haben also einen Touchscreen. Im Unterschied zu richtigen Notebooks sind sie meist mit einem schwächeren Prozessor ausgestattet und weniger für leistungshungrige Anwendungen als für Surfen, E-Mails, Office-Anwendungen und kleinere Spiele geeignet. Dafür sind sie meist deutlich dünner und leichter als ein Notebook.

▶ **Surface:** Diese Geräteklasse hat Microsoft selbst als Hersteller von Windows 8 etabliert, mit dem Anspruch, ein Tablet zu entwerfen, das die Leistungsfähigkeit eines Notebooks hat und mit wenig Aufwand die Ansprüche beider Geräteklassen erfüllen kann. Die Surface-Pro-Modelle bestehen aus einer Basiseinheit, die einem Tablet ähnelt, allerdings etwas größer und schwerer. Daran lässt sich mittels Magneten eine Tastatur mit integriertem Touchpad (als Ersatz für die Maus) befestigen, die sehr dünn ist und sich bei Nichtbenutzung als Schutzhülle auf den Bildschirm klappen lässt.

Dockingstationen: Mobile Geräte zu Desktop-PCs

Für die meisten Notebooks, Tablets und die Surface-Geräte werden im Handel sogenannte Dockingstations angeboten: Dies sind gerätespezifische Stationen, in die das jeweilige Gerät einfach eingesetzt werden kann, ohne viele Stecker einstöpseln zu müssen. An die Dockingstation werden dann Zubehörgeräte wie Tastatur, Maus, Monitor, Drucker, externe Laufwerke wie Festplatten oder DVD-Laufwerke angeschlossen, die im Handumdrehen aus einem mobilen Gerät einen stationären PC mit den meisten Vorteilen eines Desktop-PCs machen.

Für Anwender, die gleichermaßen mobil wie stationär arbeiten wollen, ist die Anschaffung eines Gerätes, für das es eine solche Dockingstation gibt, die beste Wahl. Wenn es diese nicht gibt oder Sie bereits ein Gerät Ihr Eigen nennen: keine Sorge. Die meisten Geräte haben Schnittstellen an Bord, an die Sie einen Monitor (per HDMI-Kabel), Tastatur, Maus und Drucker per USB-Kabel anschließen können. Wenn die Zahl der USB-Schnittstellen nicht ausreicht, dann schaffen Sie sich einfach im Handel einen sogenannten „USB-Hub" an, einen Verteiler, der aus einer USB-Buchse mehrere, parallel nutzbare macht – oder nutzen Sie die drahtlose Verbindung über Bluetooth.

Das Microsoft-Konto

Ein Kern der Arbeit mit Windows 10 ist die Synchronisierung Ihrer Daten und Einstellungen quer über Ihre Windows-Geräte – egal, ob es nun PCs, Notebooks, Tablets, Telefone mit Windows oder Ihre XBOX ist. Damit dies funktioniert, bedarf es einer zentralen Sammelstelle: dem Microsoft-Konto. Darin werden Ihre Kontakte, Termine und Aufgaben, Ihre App- und Musik-Käufe, Ihre Dateien und vieles mehr gespeichert, damit Sie von jedem Gerät, das dieses Konto verwendet, darauf zugreifen können.

Mit dem Microsoft-Konto eng verbunden ist der Begriff der „Cloud", also der Speicherung Ihrer Daten im Internet. Dies bedeutet nicht, dass Sie die Kontrolle über Ihre Daten verlieren, denn Microsoft als Anbieter unterliegt strengen Vorgaben an die Sicherheit und die Verwendung der Daten, die Sie im Microsoft-Konto speichern.

Es ist möglich, ein Windows-Gerät auch ohne ein Microsoft-Konto zu nutzen. Allerdings können Sie das Gerät dann nur eingeschränkt nutzen, denn die meisten Funktionen benötigen es.

Vorab: Es soll nur eines geben

Der eine oder andere Anwender mag auf den Gedanken kommen, für unterschiedliche Geräte auch unterschiedliche Microsoft-Konten anzulegen. Das sollte man tunlichst unterlassen: Das Konto dient vor allem der Verbindung all Ihrer Geräte mit Microsoft-Betriebssystem und soll Ihnen den möglichst nahtlosen Zugriff auf Ihre Daten ermöglichen. Das funktioniert natürlich nicht, wenn die des einen in dem einen Speicher, die des anderen in einem anderen vorgehalten werden.

E-Mails, Kontakte und Termine

Zu dem Microsoft-Konto gehört der Dienst Outlook.com, der eine komfortable Verwaltung Ihrer E-Mails, Kontakte und Termine darstellt. Dies hindert Sie nicht daran, auch andere Anbieter wie Google, Yahoo, GMX etc. zu nutzen. Auch die Verbindung zu einem eventuell vorhandenen Firmen-Konto auf einem Exchange-Server oder einem Office-365-Konto sind kein Problem.

Wenn Sie Skype als Nachrichten- oder Videotelefonie-Dienst nutzen (siehe „Videotelefonie mit ...", S. 139), werden Ihre dort gespeicherten Kontakte automatisch in das Microsoft-Konto übertragen.

Musik-, Film- und App-Käufe

Ein Windows-Gerät macht erst dann richtig Spaß, wenn Sie es durch Programme (Apps) und Musik oder Videos erweitern – und natürlich bietet Windows dafür auch einen eigenen virtuellen Laden, den Windows Store, in dem Sie zusätzliche Inhalte erwerben können. Der Kauf ist einfach, denn dafür wird automatisch Ihr Microsoft-Konto verwendet und die dort hinterlegte Zahlungsweise. Ohne Microsoft-Konto also keine Käufe.

Wenn Sie einen PC verwenden, können Sie natürlich auch beliebige andere Anwendungen und Spiele installieren, die nicht aus dem Windows Store stammen, sondern auf Herstellerseiten angeboten oder auf Datenträgern im Online- und Einzelhandel gekauft werden können. Einzig bei Windows Phone und der XBOX ist dies nicht möglich.

Neben der Verwendung als Zahlungsweise sorgt Ihr Microsoft-Konto in diesem Zusammenhang auch dafür, dass Sie Ihre Käufe nur mit einer begrenzten Anzahl von Geräten nutzen können.

Office und OneDrive

Um in der Lage zu sein, Dokumente und Einstellungen auf verschiedenen Geräten parallel nutzen zu können, bedarf es eines zentralen Speichers, auf den alle diese Geräte zugreifen können. Zu Ihrem Microsoft Account gehört daher das sogenannte OneDrive (früher: SkyDrive), das einen kostenlosen Online-Speicher von mehreren Gigabyte (GB) mitbringt. Dort werden automatisch alle

Sicherungen der Einstellungen Ihrer Geräte abgelegt (Backup) sowie auf Wunsch auch die Bilder, die Sie mit der Kamera Ihres Tablets oder Smartphones gemacht haben, Dokumente, die Sie mit Word, Excel oder Powerpoint erstellen und vieles mehr. Natürlich ist auch dieser Speicher von allen Geräten aus zugreifbar.

Die neuen Office-Versionen werden auch in einer fingerfreundlichen Version für Windows 10 angeboten. Bei diesen ist es Standard, OneDrive als Speicher zu nutzen. Im entsprechenden Abschnitt dieses Buches finden Sie allerdings auch eine Anleitung, wie sie dies umstellen können und Ihre Dokumente weiterhin lokal auf der Festplatte Ihres Gerätes speichern können (siehe „Speichern ...", S. 160).

Erreichbarkeit über Skype

Skype ist vor allem bekannt als Programm, mit dem man kostenlos über das Internet telefonieren kann. Neben dieser Funktion hat es nach der Übernahme durch Microsoft noch eine weitere, wichtige Funktion im Windows-Umfeld bekommen: Es wird im Hintergrund verwendet, um mit Kontakten Nachrichten austauschen zu können (und diese bei Bedarf auch direkt anrufen zu können). Auch hierfür müssen Sie sich über Ihr Microsoft-Konto identifizieren.

Zusammengefasst: Microsoft-Konto – ja oder nein?

Im Gegensatz zu einem Windows Smartphone können Sie Ihr Windows-10-Gerät auch ohne ein Microsoft-Konto nutzen. Die Bedingungen dazu sind:

▶ **Sie möchten keine Apps**, Musik und Filme aus dem Windows Store kaufen/herunterladen. Das ist kein Problem, wenn all Ihre Anwendungen sogenannte „Win32-Apps" oder „Desktop-Apps" sind, die Sie entweder auf einem Datenträger vorliegen haben oder aus dem Internet herunterladen können.

▶ **Sie benutzen entweder keinen Online-Speicher** oder einen anderen Dienst als Microsoft OneDrive, um Daten in der Cloud zu speichern (etwa Deutsche Telekom Mediencenter, s. test 08/2013).

▶ **Sie verwenden einen eigenen Dienst** für die Synchronisation Ihrer Kontakte und Termine (beziehungsweise speichern diese nur lokal auf der Festplatte Ihres Gerätes).

▶ **Sie sind nicht auf Skype** als Videotelefonie angewiesen.

Fordert eine Funktion von Windows 10 zwingend ein Microsoft-Konto, bekommen Sie eine entsprechende Meldung und können immer noch entscheiden, ob Sie Ihr Windows auf den Betrieb mit einem solchen Konto umstellen. Der Aufwand ist denkbar gering:

Anlegen eines neuen Microsoft-Kontos

Wenn Sie bereits einen Gerät mit Windows 8 einsetzen, dann ist die Wahrscheinlichkeit hoch, dass Sie bereits ein Microsoft-Konto in Gebrauch haben. Wenn dies der Fall ist, können Sie diesen Abschnitt überspringen.

Ein neues Microsoft-Konto anzulegen geht am bequemsten an einem bereits eingerichteten PC. Dabei ist es egal, welches Betriebssystem dieser hat.

1 Rufen Sie die Internetseite http://www.outlook.de auf.

2 Dort klicken Sie ganz unten auf: Jetzt registrieren.

3 Auf der sich nun öffnenden Internetseite können, dürfen und müssen Sie Ihre Daten wie Name, Postleitzahl, Telefonnummer etc. eingeben. Diese Daten sind nötig, damit Sie eindeutig identifiziert werden können und bei Problemen mit Ihrem Konto erreichbar sind. Sie bekommen keine Werbung, weil Sie diese Angaben gemacht haben, es sei denn, Sie setzen ganz unten auf dieser Seite den Haken bei „Ich möchte E-Mails mit Werbeangeboten von Microsoft erhalten".

4 Sie können entweder eine bestehende E-Mail-Adresse verwenden – dann nutzen Sie diese wie gewohnt als E-Mail-

Konto weiter, aber verwenden sie für Ihr Microsoft-Konto als Anmeldenamen. Wenn Sie stattdessen eine neue E-Mail-Adresse anlegen möchten, klicken Sie mit der Maus auf „Sie können auch eine neue E-Mail-Adresse anfordern".

Microsoft

Konto erstellen

Als Benutzernamen für Ihr neues Microsoft-Konto können Sie eine beliebige E-Mail-Adresse verwenden – also auch eine Adresse von Outlook.com, Yahoo! oder Gmail. Wenn Sie sich bereits bei einem Windows-PC, Windows-Tablet, Windows Phone oder bei Xbox Live, Outlook.com oder OneDrive anmelden, verwenden Sie bei der Anmeldung dieses Konto.

Vorname Nachname

Benutzername

jemand@example.com

5 Wenn Sie ein komplett neues Konto anlegen möchten, geben Sie Ihren Wunschnamen unter Benutzername ein. Sobald Sie in ein anderes Eingabefeld gehen, prüft Microsoft Ihren Namenswunsch und warnt sie, wenn dieser schon vergeben ist. In einem solchen Fall ändern Sie ihn einfach.

6 Durch einen Klick auf das kleine Dreieck am Ende des Feldes für den Benutzernamen können Sie auswählen, wie der hintere Teil Ihrer neuen E-Mail-Adresse aussehen soll (outlook.de, outlook.com oder hotmail.com).

Benutzername

@outlook.de

Sie können auch eine vorhandene

outlook.de

Kennwort

outlook.com

hotmail.com

Mindestens 8 Zeichen, Groß-/Klein

7 Besonders wichtig ist bei der Eingabe Ihrer Daten, dass Sie Ihr Geburtsdatum richtig eingeben. Ein falsches Geburtsjahr kann dazu führen, dass Windows 10 Sie als noch nicht volljährig einordnet und verlangt, dass Ihre Eltern Ihnen Rechte für das Herunterladen von Apps einrichten, was im Zweifel schon ein wenig sonderbar anmuten kann. Eine nachträgliche Änderung des Geburtsdatums ist mit einigem Aufwand verbunden!

8 Wenn Sie alle Daten eingegeben haben, dann schließen Sie die Einrichtung des Kontos durch einen Klick auf Konto erstellen ab. Herzlichen Glückwunsch: Jetzt haben Sie ein Microsoft-Konto und können anfangen, die diversen Dienste von Microsoft auf Ihrem PC, Tablet oder Notebook zu nutzen!

Die Installation von Windows 10

Um Windows 10 zu erhalten, haben Sie drei Möglichkeiten: Entweder haben Sie ein vorhandenes Gerät, das von Windows 7 oder Windows 8.1 auf Windows 10 aktualisiert werden soll. Zweite Variante: Sie installieren es auf einem Computer im laufenden Betrieb per heruntergeladener ISO-Datei oder von DVD. Bei der dritten Variante kaufen Sie einfach ein neues Gerät, auf dem Windows 10 bereits vorinstalliert ist. Dann ist schon alles erledigt.

Voraussetzungen für das Update von Windows 7 und 8.1

Microsoft ist sich bewusst, dass es eine Vielzahl von Anwendern gibt, die sich und ihre Programme, Apps und Einstellungen unter Windows 7 oder 8.1 gemütlich eingerichtet haben und ungern alles neu installieren wollen. Darum bietet der Konzern die Möglichkeit, ein sogenanntes Update zu installieren: Dabei wird das Betriebssystem aktualisiert, die allermeisten Einstellungen und Programme bleiben aber genau so vorhanden, wie sie in Ihrem alten Windows waren.

Allerdings: Mit Windows 8 hat sich eine Menge an der inneren Struktur von Windows geändert. Das führt dazu, dass nur Windows 7 und Windows 8.1 auf Windows 10 aktualisierbar sind. Wenn Sie Windows 8.0 verwenden, führen Sie erst das kostenlose Update auf 8.1 durch, um auf Windows 10 aktualisieren zu können.

Wenn Sie eine ältere Version als Windows 7 nutzen, bleibt Ihnen nichts anderes übrig, als Windows komplett neu zu kaufen und zu installieren – und damit auch alle Einstellungen und Programme neu zu installieren.

Eine wichtige Voraussetzung für das Update auf Windows 10 ist, dass Sie Ihr „altes" System auf dem aktuellsten Stand haben. Dazu wechseln Sie in die Systemsteuerung (Windows 7: Start, Systemsteuerung, Windows Update. Windows 8: aus dem Desktop in die Charms, Systemsteuerung, Windows Update). Suchen Sie dann nach Updates und installieren Sie alle angebotenen Updates. Gegebenenfalls müssen Sie Ihren Computer neu starten und erneut nach Updates suchen, um sicherzugehen, dass wirklich alle vorhandenen Updates installiert wurden. Die folgende Anleitung finden Sie auch als Video unter www.test.de/windows10-special/.

Letzte Vorbereitungen für das Update

Wenn Sie einer der frühen Windows-10-Begeisterten waren, haben Sie sich garantiert bereits für das Update registrieren lassen und erhalten irgendwann den Hinweis, dass Sie dieses installieren können. Achtung: Eigentlich kann nichts passieren, aber zur Sicherheit sollten Sie vor Beginn des Updates noch einmal prüfen, ob Sie alle Daten, die Ihnen wichtig sind, auf einer externen Festplatte gesichert haben.

Installation von Windows 10 im laufenden Betrieb

Bei der Installation von Windows 10 werden vor allem die Dateien, die das Betriebssystem benötigt, auf die Festplatte Ihres PCs kopiert, dort entpackt und in die richtigen Verzeichnisse einsortiert. Starten Sie den Installationsprozess, wie es in der Anleitung beschrieben ist, die dem Datenträger von Windows 10 beiliegt, und folgen Sie dem Fortschritt, der Ihnen grafisch auf dem Bildschirm angezeigt wird. Dieser Vorgang ist identisch zu dem der Update-Installation, der auf den folgenden Seiten beschrieben wird.

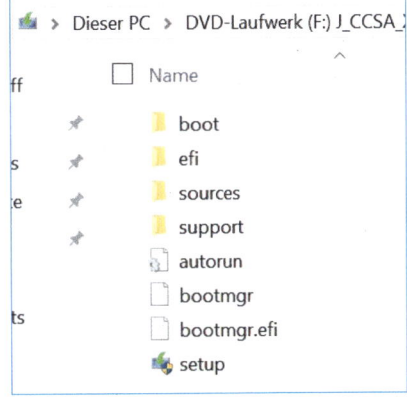

Die komplette Neuinstallation

Sicher, der Vorteil eines Updates ist, dass die Programme und Ein-stellungen erhalten bleiben, während das darunterliegende Be-triebssystem auf die aktuelle Version gebracht wird. Das ist auch bei Windows 10 nicht anders, aber der Teufel steckt einmal mehr im Detail: In einigen wenigen Ausnahmefällen sagt Ihnen Windows 10 vor dem Durchführen des Updates, dass eine Übernahme von Apps nicht möglich sei. In einem solchen Fall bleibt Ihnen dann nichts anderes übrig, als eine Neuinstallation durchzuführen. Da Sie es dann sowieso nicht ändern können, sehen Sie es einfach als Chance: Manchmal ist die komplette Neuinstallation sowieso der stabilere Weg, weil damit all die kleinen Konfigurationsänderun-gen, die im Leben Ihrer Installation vorgenommen wurden, wieder auf den Standard gesetzt werden.

Der Update-Vorgang

Bringen Sie ein wenig Zeit mit, wenn Sie Ihren Rechner auf Win-dows 10 aktualisieren möchten: Je nach der Art des Updates, der Geschwindigkeit von Festplatte und Prozessor sowie der Zahl der installierten Apps und Programme kann es schon ein wenig dau-ern, bis das Update erfolgreich durchgeführt wurde. Ihr Rechner startet in der Zwischenzeit neu und zeigt Ihnen dann eine recht aussagekräftige Statusanzeige an: Je voller der Kreis in der Mitte ist, desto weiter ist das Update fortgeschritten.

Ist dieser bis 100 Prozent gefüllt, wird ein erneuter Neustart durch-geführt und die Oberfläche vorbereitet. Wundern Sie sich nicht: Aufgrund der unterschiedlichen Implementierung des Kachelme-nüs im Vergleich zu Windows 8 bekommen sie nur eine Standard-Auswahl von Kacheln. Da aber bei einer erfolgreichen Übertragung Ihrer Apps und Programme alle diejenigen, die unter Windows 8 in-stalliert waren, immer noch vorhanden sind, können Sie Ihr Ka-chel-Startmenü sehr schnell neu aufbauen!

Als Nächstes begrüßt Sie Windows 10 mit Ihrem Namen und Ihrem Konto-Bild. Tippen Sie nun auf Weiter. In den folgenden Bildschirmen wählen Sie Express-Einstellungen verwenden, wenn Sie die Voreinstellungen wie von Microsoft gewollt lassen wollen. Sie bekommen in einem kleinen Text-Bildschirm angezeigt, was diese genau beinhalten. Wenn Ihnen diese Einstellungen zu weit gehen, klicken Sie stattdessen auf Einstellungen anpassen und ändern Sie die gewünschten Dinge. Es ist eine Gratwanderung: Um Windows 10 in vollem Umfang nutzen zu können, etwa damit Ihre Assistentin Cortana Sie an ein Geschenk für einen anstehenden Geburtstag erinnern kann, müssen diese Apps Dinge über Sie erfahren – also Daten sammeln und „nach Hause telefonieren". Wem das andererseits zu weit geht, sollte viele der Einstellungen hier überprüfen – und etwa auf Cortana verzichten. Wie Sie diese Einstellungen während des Einrichtungsvorgangs ausschalten, haben wir für Sie in einem kurzen Video zusammengestellt: Wie sicher ist Windows 10? Die Datenschutzeinstellungen anpassen (www.test.de/windows10-special). Die Einstellungen können Sie aber auch noch während des laufenden Betriebs ändern (siehe „Windows und Datenschutz", S. 39).

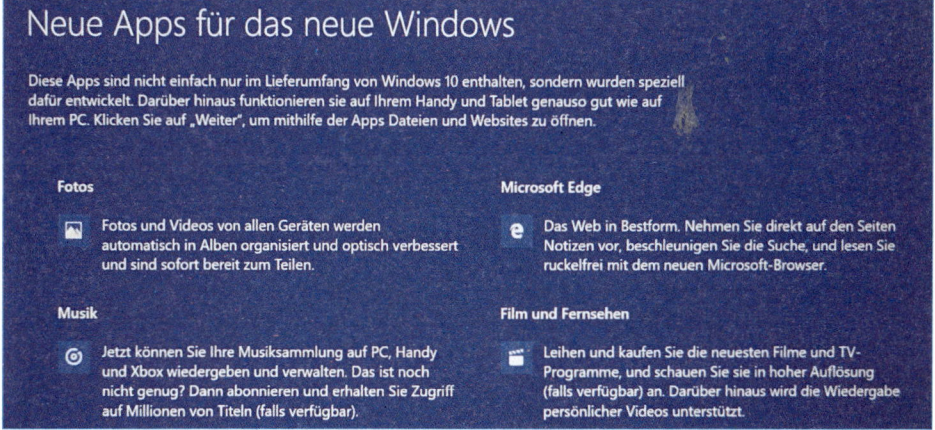

Neue Apps für das neue Windows

Diese Apps sind nicht einfach nur im Lieferumfang von Windows 10 enthalten, sondern wurden speziell dafür entwickelt. Darüber hinaus funktionieren sie auf Ihrem Handy und Tablet genauso gut wie auf Ihrem PC. Klicken Sie auf „Weiter", um mithilfe der Apps Dateien und Websites zu öffnen.

Fotos

Fotos und Videos von allen Geräten werden automatisch in Alben organisiert und optisch verbessert und sind sofort bereit zum Teilen.

Microsoft Edge

Das Web in Bestform. Nehmen Sie direkt auf den Seiten Notizen vor, beschleunigen Sie die Suche, und lesen Sie ruckelfrei mit dem neuen Microsoft-Browser.

Musik

Jetzt können Sie Ihre Musiksammlung auf PC, Handy und Xbox wiedergeben und verwalten. Das ist noch nicht genug? Dann abonnieren und erhalten Sie Zugriff auf Millionen von Titeln (falls verfügbar).

Film und Fernsehen

Leihen und kaufen Sie die neuesten Filme und TV-Programme, und schauen Sie sie in hoher Auflösung (falls verfügbar) an. Darüber hinaus wird die Wiedergabe persönlicher Videos unterstützt.

Einige der Systemapps sind für Windows 10 komplett neu entwickelt worden, um eine möglichst konsistente Nutzungserfahrung zwischen Desktops, Tablets, Smartphones und anderen Geräten zu ermöglichen, so der neue Internetbrowser Edge, die Foto-Anzeige und einiges mehr. Diese werden, wenn Sie keine weitere Einstellung vornehmen, als Standard für Windows gewählt. Wenn Sie dies nicht wollen, klicken Sie statt auf Weiter auf Standard-Apps selbst auswählen lassen. Dies sollten Sie allerdings nur machen, wenn es dafür einen guten Grund gibt.

Erste Schritte mit Windows 10

Grundsätzlich ist Ihr PC jetzt schon mit allem betankt, was er für den Betrieb von Windows 10 benötigt. Nun sind Sie dran: Damit Ihr PC sich zurechtfindet, müssen Sie ihm die eine oder andere Information mitgeben – etwa zu WLAN und Zeitzone. Keine Sorge: Falls Sie eine der Fragen nicht jetzt beantworten können, geht das auch später über das Menü Einstellungen. Anschließend installiert er automatisch die Standard-Apps aus dem Windows Store (siehe „Windows Store", S. 109). Hier brauchen Sie erst einmal nichts zu tun: Genießen Sie die wechselnden Farbenspiele auf dem Bildschirm. Wichtig ist nur, dass Sie während der gesamten Installation Ihren PC nicht ausschalten. Nach Abschluss der Vorbereitungen startet er von selbst neu.

Viele Einstellungen werden bei der Ersteinrichtung automatisch abgefragt, nichtsdestotrotz können Sie diese später verändern. Dazu müssen Sie in die Einstellungen von Windows wechseln. Wenn Sie eine frühere

Version von Windows gewöhnt sind, dann kommt jetzt eine kleine Umgewöhnung: Was früher die „Systemsteuerung" oder „PC-Einstellungen" waren, sieht jetzt komplett anders aus. Sie erreichen sie, indem Sie im Startmenü auf Einstellungen klicken oder tippen.

Darin befinden sich Verknüpfungen zu allen wichtigen Einstellungen. Diese sind so in Kategorien eingeteilt, dass Sie die gewünschte Einstellung schnell finden werden. Wenn Ihnen trotzdem der Weg zu einer Einstellung nicht klar ist, tippen Sie einfach einen Begriff, der die gesuchte Einstellung beschreibt, in das Suchfeld oben rechts im Einstellungsbildschirm ein.

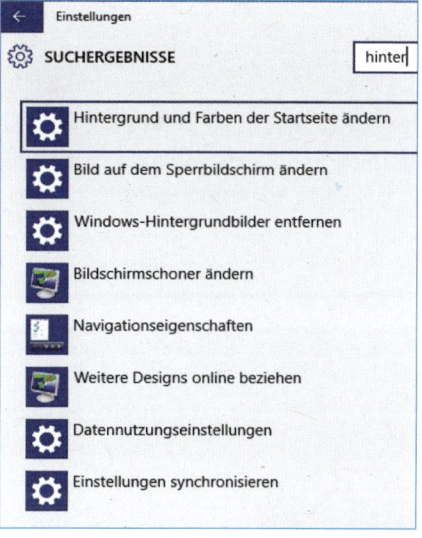

Sie erhalten eine Liste von Einstellungen, die zu Ihrem Suchbegriff passen, und können dann die zutreffende antippen oder anklicken.

Die Auswahl des WLANs

Mittlerweile hat so gut wie jeder PC ein integriertes WLAN-Modul, mit dem Sie sich kabellos mit dem Netzwerk und dem Internet verbinden können. Wenn Sie ein bekanntes WLAN in der Nähe haben, macht es Sinn, sich damit zu verbinden.

1 Hierzu müssen Sie nicht mal in die Einstellungen gehen: Klicken Sie einfach auf das kleine Symbol mit den Wellen unten rechts auf dem Bildschirm und wählen Sie in der Liste der verfügbaren WLANs das aus, mit dem Sie sich verbinden möchten. Klicken Sie abschließend auf Verbinden.

2 Wenn dies Ihr erster Besuch in diesem WLAN ist, müssen Sie zusätzlich dessen Kennwort eingeben. Windows 10 fragt danach, tippen Sie es einfach nur ein und dann auf Weiter.

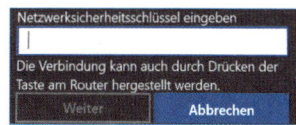

3 Sobald die Verbindung erfolgreich hergestellt wurde, können Sie auf andere Rechner im selben Netzwerk zugreifen und – so die Verbindung dazu besteht – auch auf das Internet.

Einstellen von Land, Region, Datum und Uhrzeit

Zeit und Sprache
Spracherkennung, Region, Datum

Die richtige Einstellung des Datums und der Uhrzeit sind unter anderem wichtig, um beim Abgleich von Elementen wie Terminen, Kontakten und Mails mit der Cloud feststellen zu können, ob sich Änderungen ergeben haben. Um die Zeitzone zu ändern, wechseln Sie in die Einstellungen und tippen dort auf Zeit und Sprache.

Im Standard holt sich Windows 10 die Zeit automatisch von entsprechenden „Uhren" im Internet, darum ist der Schalter neben „Uhrzeit automatisch festlegen" eingeschaltet.

Wenn Sie dies nicht möchten, klicken oder tippen Sie auf den Schalter, um ihn auszuschalten, dann wählen Sie die Schaltfläche Ändern. Es öffnet sich ein Fenster, in dem Sie jedes Element des Datums (Tag, Monat, Jahr) und der Uhrzeit (Stunde, Minute) durch Antippen einer Liste öffnen und so den richtigen Wert eintragen können.

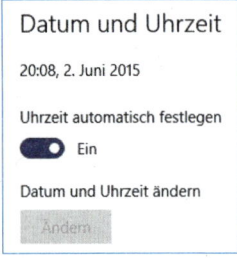
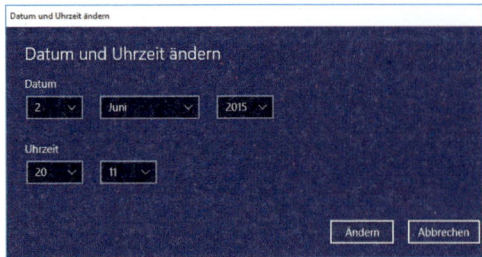

Schließen Sie die Eingabe durch einen Klick auf Ändern ab. Die Wirkung erkennen Sie direkt, dass sich ganz unten rechts die Zeitanzeige geändert hat.

Wenn Sie die Sommer- bzw. Winterzeit nicht manuell umstellen möchten, schalten Sie unter „Automatisch an Sommerzeit anpassen" den Schalter ein: Windows ändert die Zeiteinstellung ganz automatisch, und Sie sind eine Sorge los.

Automatisch an Sommerzeit anpassen

🔵 Ein

Info

Einstellungen-Menü: Wem das neue Einstellungen-Menü zu simpel ist, kann weiterhin die klassische Ansicht nutzen. Ein Rechtsklick auf das Windows-Symbol und anschließend auf Systemsteuerung führt zum Ziel. Die aus Windows 8 bekannten Charms gibt es hingegen nicht mehr. Windows 10 hat aber seinen ganz eigenen Charme: Im Info-Center sind viele Funktionen noch einmal übersichtlich aufgelistet (siehe „Das Info-Center", S. 49).

Einstellen der Zeitzone

Eine ganz wichtige Einstellung, die Sie kontrollieren sollten, ist die Zeitzone. Diese wird als Abweichung von der „koordinierten Weltzeit" UTC (Universal Time Coordinated) angegeben. So ist die Mitteleuropäische Standardzeit MEZ, die in Deutschland gilt, die Zeitzone UTC+1, während der Firmensitz von Microsoft in Redmond in der Pacific Standard Time PST liegt, der die Zeitzone UTC-8 entspricht. Verwirrt? Ganz einfach: Wenn wir hier in Mitteleuropa 20:00 Uhr abends haben, dann entspricht dies in UTC 19:00 Uhr, in Redmond wäre es dann 11:00 Uhr am Morgen.

Wichtig ist diese Einstellung deshalb, weil Ihre Termine, die Sie später eingeben werden, die Zeitzone „im Bauch" haben. Haben Sie also wie in unserem Beispiel ein Telefonat um 20:00 Uhr deutscher Zeit eingetragen, fliegen anschließend in die USA und ändern in Ihrem Windows-PC die Zeitzone entsprechend, dann erinnert dieser Sie um 11:00 Uhr US-amerika-

(UTC) Casablanca

(UTC) Dublin, Edinburgh, Lissabon, London

(UTC) Koordinierte Weltzeit

(UTC) Monrovia, Reykjavik

(UTC+01:00) Amsterdam, Berlin, Bern, Rom, Stockholm, Wien

(UTC+01:00) Belgrad, Bratislava (Pressburg), Budapest, Ljubljana,

(UTC+01:00) Brüssel, Kopenhagen, Madrid, Paris

(UTC+01:00) Sarajevo, Skopje, Warschau, Zagreb

(UTC+01:00) West-Zentralafrika

nischer Zeit an diesen Termin. Sollte die Zeitzone nicht korrekt sein, tippen Sie auf das Dreieck ganz rechts von der aktuell eingestellten Zeitzone und wählen Sie dann in der Liste die korrekte Zeitzone aus.

Verwenden des Microsoft-Kontos

Sie erinnern sich: Sie müssen sich nicht mit einem Microsoft-Konto anmelden, sondern können auch ohne dieses lokal auf Ihrem PC arbeiten. Sobald Sie aber eine Funktion von Windows 10 nutzen, die das Microsoft-Konto benötigt, werden Sie aufgefordert, sich mit einem solchen anzumelden. Entweder verzichten Sie auf die soeben angeforderte Funktionalität, oder Sie geben Ihren Anmeldenamen und das Kennwort ein. So recht merken Sie davon nichts: Ihr Windows sieht nicht anders aus als vorher, es

hat nur Ihr Microsoft-Konto als zweite Identifizierung mit an Bord. Nichts ist festgelegt: Ob Sie sich nun entscheiden, von einem lokalen Konto auf ein Microsoft-Konto zu wechseln oder andersherum: Windows macht das alles mit. Wechseln Sie in die Einstellungen, dann tippen Sie auf Konten.

Je nach der aktuellen Einstellung finden Sie unter dem Eintrag Konten nun sich selbst als Lokales Konto oder als Microsoft-Konto. Tippen Sie einfach auf den Eintrag darunter, um zum jeweils anderen

Kontentyp zu wechseln. Geben Sie dann die nötigen Informationen wie Benutzernamen und Passwort ein und schließen Sie den Prozess ab.

Den Wechsel hin und her können Sie so oft Sie wünschen durchführen, am Ende aber ist die Wahrscheinlichkeit hoch, dass Sie dann doch schnell bei einem mit Ihrem Microsoft Account verknüpften PC landen werden.

Und wo wir schon bei Ihrem Konto sind: Wenn Sie das langweilige Standard-Bild loswerden wollen, dann können Sie es an dieser Stelle ändern: Tippen oder klicken Sie auf Durchsuchen, um ein neues Konterfei von der Festplatte Ihres PCs zu verwenden, oder auf Kamera, um über die integrierte Kamera, die die meisten Notebooks und Tablets haben, ein schönes Bild von sich zu schießen. Dieses begrüßt Sie dann auch beim Anmelden an Ihrem PC.

Bereinigung des Updates

Nach den grundlegendsten Einstellungen wird es bereits Zeit für ein wenig Kosmetik. Wenn Sie Ihren PC von einer älteren Windows-Version auf Windows 10 aktualisiert haben, hat sich Ihr System eine Versicherung dazugebucht: Neben dem Standard-Systemverzeichnis WINDOWS hat es ein neues Unterverzeichnis WINDOWS.OLD auf Ihrer Systemfestplatte angelegt, in dem die Sicherungen der Einstellungen, von Systemdateien und vielem mehr liegen. Diese können unter bestimmten Umständen und mit einigem Aufwand auch manuell verwendet werden, um bestimmte Dateien wiederherzustellen (siehe beispielsweise hier: http://windows.microsoft.com/de-de/windows-8/restore-files-upgrade-windows-old).

Info

Zurück zur alten Version: Für den Fall, dass Sie mit Windows 10 gar nicht zurechtkommen und Ihr altes System wieder zurückhaben wollen, bietet Microsoft Ihnen die Möglichkeit, 30 Tage lang zurückzukehren. Dann haben Sie wieder Ihr gewohntes Windows 7 bzw. Windows 8.1. Das geht aber nur, wenn Sie den Ordner WINDOWS.OLD noch nicht gelöscht haben. Eine Anleitung, wie Sie doch zu Ihrer alten Version zurückkehren, finden Sie kostenlos hier: www.test.de/windows10-special.

Im Normalfall werden Sie aber nach kurzer Zeit feststellen, dass Ihr System einwandfrei läuft, und diese Dateien einfach nur wertvollen Platz auf Ihrer Festplatte blockieren, oft mehrere Gigabyte. Versuchen Sie gar nicht erst, dieses Verzeichnis manuell über den Explorer zu löschen, dies scheitert an den Berechtigungen. Stattdessen gehen Sie wie folgt vor:

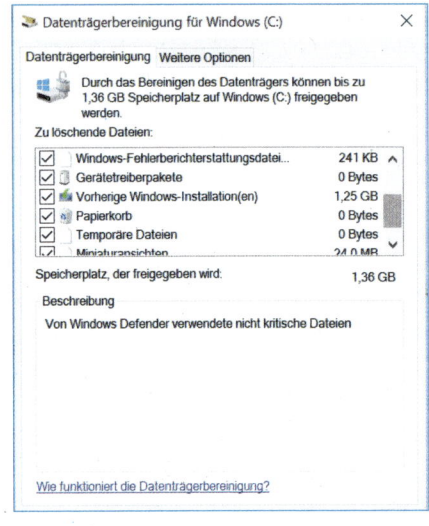

Aus dem Startmenü wechseln Sie über Alle Apps, Windows Verwaltungsprogramme in die Datenträgerbereinigung.

Windows zeigt Ihnen automatisch die „überflüssigen" Dateien und den durch ihre Löschung freigegebenen Speicherplatz. Freuen Sie sich schon? Es wird noch besser: Klicken Sie auf Systemdateien bereinigen, dann geht die Suche nach Datenmüll noch ein Stück tiefer ins System, und genau dort findet sich der Eintrag Vorherige Windows-Installation(en). Stellen Sie sicher, dass dieser angehakt ist.

Durch ein Tippen auf OK starten sie den Bereinigungsprozess. Dieser dauert eine ganze Weile, nach seinem Abschluss werden Sie sehen, dass bedeutend mehr freier Speicher auf der Festplatte verfügbar ist.

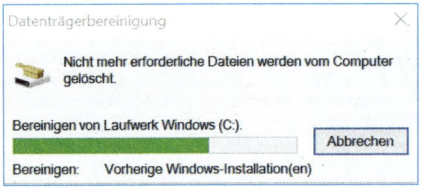

Windows aktuell halten per Updates

Wenn Sie Ihren PC kaufen, ist das Betriebssystem darauf schon nicht mehr ganz aktuell. Das liegt vor allem daran, dass Microsoft – wie andere Hersteller auch – kontinuierlich an der Stabilität und Funktionalität arbeitet und einzelne Dateien, Programme oder gar ganze Pakete aktualisiert und in einer neuen Version verteilt. Dies ist ein Prozess, der automatisiert stattfindet und sich seit Windows 10 auch nur noch teilweise manuell steuern lässt. Der Hintergrund: Windows 10 ist die letzte neue einzelne Windows-Version. Gab es in der Vergangenheit noch im Jahresrhythmus neue Versionen (XP, Vista, 7, 8, 10) und damit aufwendige, umfangreiche Versionsupdates, soll Windows 10 in kurzen Abständen immer weiter aktualisiert werden und sich damit kontinuierlich weiterentwickeln und wachsen. Dazu ist es nötig, dass alle Aktualisierungen auch wirklich installiert werden.

Hinzu kommt, dass diese Aktualisierungen unter anderem auch dafür sorgen, dass erkannte Sicherheitslücken gestopft werden und Ihr System sicherer wird. Es kann also durchaus auch Sinn machen, manuell nach Aktualisierungen zu suchen. Gehen Sie dazu über den Start-Button in die Einstellungen und klicken Sie auf Update und Sicherheit. Hier können Sie durch einen Klick auf Nach Updates suchen die Suche nach neuen, noch nicht installierten Updates starten. Werden welche gefunden, werden diese automatisch heruntergeladen und installiert. Dabei kann es sein, das Ihr Gerät neu gestartet werden muss. Es ist also empfehlenswert, vor der Update-Suche alle Dateien zu speichern!

Update und Sicherheit
Windows Update,
Wiederherstellung,
Sicherung

Tippen Sie dann auf Erweiterte Optionen. Hier können Sie festlegen, ob die Updates automatisch installiert werden sollen oder Sie zur Planung eines Neustarts benachrichtigt werden sollen.

Das Windows Insider-Programm: Vorabversionen beziehen

Im Rahmen der Entwicklung von Windows 10 hat Microsoft einen interessanten Weg beschritten: Statt erst einmal im stillen Kämmerlein zu entwickeln und dann kurz vor dem Start eine öffentlichen Vorabversion (die sogenannte „Customer Preview") zu veröffentlichen, konnten interessierte Anwender schon früh Entwicklungsversionen testen. Microsoft nannte dieses Programm „Windows

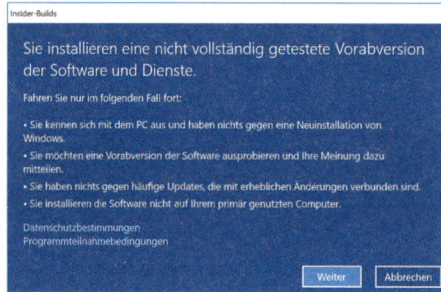

Insider" und hat entschieden, diese Möglichkeit auch nach der offiziellen Veröffentlichung von Windows 10 fortzuführen.

Wenn Sie Interesse daran haben – und in Kauf nehmen, dass die eine oder andere neue Funktion noch nicht zu 100 Prozent läuft, aber kurzfristig über ein Update geradegezogen wird, dann klicken Sie auf Los geht's unter der Überschrift Insider-Builds abrufen.

Sie bekommen nun die eine oder andere Warnung angezeigt, mit der Microsoft sich absichert, dass sie auch wirklich verstanden haben, dass es sich um Vorab-Software handelt. Bestätigen Sie diese und starten Sie dann auf Aufforderung den Rechner einmal neu.

Wenn Sie nach diesem Neustart wieder in die Update-Einstellungen wechseln, können Sie die Teilnahme am Insider-Programm ganz einfach wieder beenden.

Ebenfalls können Sie hier noch festlegen, wie schnell Sie die „Insider"-Versionen von Windows 10 erhalten möchten: „Slow" wartet erst weitere Tests ab, bis eine neue Version zur Verfügung gestellt wird, „Fast" gewährt Ihnen schneller Zugang dazu, bedeutet aber natürlich auch ein höheres Risiko, dass eine neue Funktion noch nicht einwandfrei funktioniert.

Grundlegende Einstellungen

Nachdem Sie bereits die wichtigsten Einstellungen von Windows 10 vorgenommen haben, wird es Zeit, einen ersten Blick auf die Bedienoberfläche zu werfen. Egal ob Sie nun Windows 7 oder Windows 8.1 gewöhnt sind: Sie werden sich umgewöhnen müssen. Das ist aber gar nichts Negatives: Sie werden das Beste aus beiden Welten in einer gemeinsamen Oberfläche vorfinden.

Um sowohl auf Geräten mit einem Touchscreen als auch auf „normalen" PCs ohne berührungsempfindlichen Bildschirm gleichermaßen optimal bedient werden zu können, hat Windows 10 zwei Modi eingeführt. Viele Dinge sind bei beiden Modi identisch, sie unterscheiden sich vor allem durch die auf die Maus oder den Finger angepasste Bedienung.

Der Sperrbildschirm

Den Sperrbildschirm sehen Sie immer dann, wenn Sie Ihr Gerät einschalten, weil es automatisch oder auf Ihren Wunsch in den Stromsparmodus gegangen ist, also nicht komplett ausgeschaltet ist, sondern mit ausgeschaltetem Bildschirm Ihrer Wünsche harrt.

Um es daraus zu erwecken, drücken Sie einfach den Ein/Aus-Schalter, und schon befinden Sie sich auf einem Bildschirm, der Ihnen die aktuelle Uhrzeit und das Datum, Hinweise auf neue E-Mails, Nachrichten, Anrufe und den nächsten Termin anzeigt. Um nun in die Bedienoberfläche von Windows zu gelangen, drücken Sie einmal die Leertaste oder legen den Finger auf den Bildschirm und wischen beherzt nach oben: Der Sperrbildschirm wird nach oben weggewischt.

Wenn Sie ein Kennwort vergeben haben oder mit Ihrem Microsoft-Konto angemeldet sind, müssen Sie nun das zugehörige Kennwort eingeben. Dann gelangen Sie auf den Desktop, Ihren virtuellen Schreibtisch.

PIN statt Passwort

Wenn Ihnen die Eingabe Ihres komplexen Passworts bei jedem Start oder Aufwecken Ihres PCs zu viel Aufwand ist, können Sie stattdessen eine PIN, eine vierstellige Zahlenkombination Ihrer Wahl, eingeben. Um dies einzurichten, gehen Sie in die Einstellungen, dann auf Konten, Anmeldeoptionen und auf PIN. Geben Sie Ihre PIN dann zweimal hintereinander identisch ein. Diese Sicherheitsfunktion soll erreichen, dass Sie sich nicht versehentlich durch einen Tippfehler aus Ihrem PC ausschließen.

Beachten Sie dabei aber eines: Diese Bequemlichkeit erreichen Sie vor allem auf Kosten der Sicherheit: Sollte Ihr Notebook einmal gestohlen werden, ist ein Kennwort, das aus Groß- und Kleinbuchsta-

ben, Zahlen und Sonderzeichen besteht, deutlich schwerer zu knacken als eine vierstellige Zahlenkombination. Wenn Sie diese Variante wählen, achten Sie darauf, keine leicht zu erratende Zahlenfolge wie 1234, 0000 oder Geburts- oder Hochzeitsdatum nehmen.

Bei der Anmeldung können Sie festlegen, ob Sie die PIN oder das Kennwort eingeben möchten. Tippen oder klicken Sie dazu auf Anmeldeoptionen und wählen Sie die entsprechende Einstellung aus.

Der Desktopmodus

Der Desktopmodus lehnt sich an das an, was man bis einschließlich Windows 7 gewöhnt war: Hintergrund, Icons und eine Start-Schaltfläche, aus der sich nach Anklicken ein Startmenü öffnet, aus dem heraus Sie die wichtigsten Programme und Einstellungen direkt, die anderen in Untermenüs finden.

Klicken Sie mit der Maus auf die Start-Schaltfläche, um das Startmenü zu öffnen. Hier erkennen Sie direkt eine der großen Neuerungen: Darin befinden sich nicht nur Text-Einträge, sondern auch die von Windows 8 bekannten Kacheln. Mehr zu deren Bedienung siehe „Das Startmenü …", S. 43).

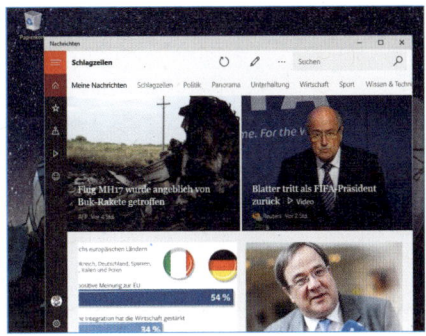

Starten Sie im Desktopmodus eine der Kachel-Apps (unter Windows 8 auch „Modern Apps" genannt), wird diese automatisch in einem Fenster angezeigt. Vielleicht auf den ersten Blick ein wenig ungewöhnlich, aber dem normalen Aussehen von Windows 7 und früherer Versionen entsprechend.

Der Tabletmodus

Nun mag dem einen oder anderen Anwender das „Herumgekachele" unter Windows 8 auf die Nerven gegangen sein, aber eine Kategorie von Anwendern hat das meist anders gesehen: die Nutzer von Tablet-Computern. Diese sollen nun auch in Ihrer Nutzungserfahrung nicht schlechtergestellt werden, darum gibt es den sogenannten Tabletmodus, der sich stärker auf die Anforderungen der Bedienung per Finger statt der Maus konzentriert.

Um manuell zwischen dem Desktop- und dem Tabletmodus zu wechseln, wischen Sie von rechts außerhalb des Bildschirms nach links (davon ausgehend, dass Sie einen Touchscreen haben), oder tippen Sie mit der Maus auf die kleine Sprechblase unten rechts am Bildschirmrand. Das Info-Center öffnet sich.

Im sich öffnenden Info-Center finden Sie die Schaltfläche Tabletmodus. Tippen Sie diese an, um statt des

Desktops und der kleinen Kacheln im Startmenü einen Kachelbildschirm angezeigt zu bekommen.

Windows bringt aber dazu noch eine Eigenerkennung mit: Wenn Sie ein Gerät mit abnehmbarer Tastatur Ihr Eigen nennen, dann versucht dieses, Ihnen bei der Entscheidung zu helfen. Sobald Sie die Tastatur abnehmen, erscheint eine kleine Meldung auf dem Bildschirm, in der Sie gefragt werden, ob Sie den Tabletmodus aktivieren möchten. Ein Tippen auf Ja hat denselben Effekt wie das manuelle Einschalten.

Als Tablet-Benutzer werden Sie schnell die Vorzüge erkennen und die stetige Nachfrage gar nicht mehr wollen. Machen Sie es sich doch einfacher: Tippen Sie auf das kleine Dreieck rechts in der Meldung und wählen Sie „Antwort speichern und Meldung nicht mehr anzeigen". Damit schaltet Ihr Gerät den Tabletmodus immer automatisch ein, sobald die Tastatur abgezogen wird.

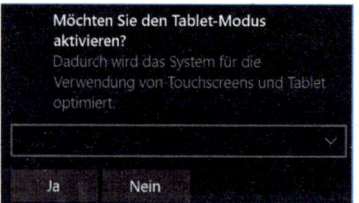 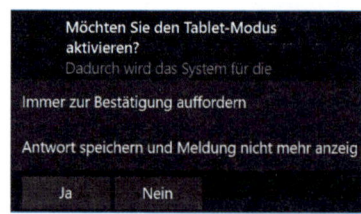

Die von Ihnen vorgenommenen Einstellungen sind natürlich nicht unveränderlich. Wechseln Sie in die Einstellungen, wählen dann System, Tabletmodus und wählen dann die einzelnen möglichen Einstellungen aus. So können Sie beispielsweise auch die Entscheidung für das automatische Starten des Tabletmodus wieder rückgängig machen.

Starten Sie im Tabletmodus eine der Kachel-Apps, dann wird diese automatisch bildschirmfüllend angezeigt, wie es von Windows 8 bekannt ist.

Programme finden im Tabletmodus

Ihnen wird auffallen, dass Sie bei Weitem nicht alle Apps und Programme als Kacheln vorfinden. Das macht durchaus Sinn, denn die meisten Benutzer legen in der Kachelansicht nur die Programme ab, die sie oft benötigen und die in der Kachel selbst auch noch Informationen darstellen.

Um auf die von früheren Windows-Versionen bekannte Liste der installierten Programme zu kommen, tippen oder klicken Sie auf das Symbol mit den drei Strichen oben links im Bildschirm. Dieses öffnet ein sogenanntes „Hamburger Menü". Diese Art von Menü ist eine weitere Neuerung, die Ihnen an vielen Stellen von Windows 10 begegnen wird.

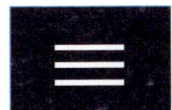

In diesem Menü finden Sie die aus Sicht Ihres PCs für Sie wichtigsten Programme, sortiert in die „Meistverwendeten", die „zuletzt hinzugefügten" und Standardprogramme wie den Explorer und die Einstellungen. Ein Klick auf Alle Apps ganz unten in diesem Menü liefert Ihnen eine alphabetische Übersicht der installierten Programme.

Alles Weitere zur Navigation und Bedienung finden Sie im kommenden Kapitel.

Windows und Datenschutz

Nicht erst seit der NSA-Affäre ist das Thema Datenschutz ein viel diskutiertes. Nun ist Microsoft in den vergangenen Jahren immer mehr dazu übergegangen, das Betriebssystem und die Programme aus dem Fokus zu nehmen und stattdessen die Dienste wie Skype, Outlook.com und OneDrive auf möglichst viele Geräte zu bringen – auch auf solche, auf denen kein Windows läuft. Der Modebegriff dazu ist die „Cloud", die Datenwolke im Internet, in der die Daten des

Benutzers liegen und auf die er so im Ideal-
fall von jedem Ort der Welt aus zugreifen
kann.

Windows 10 hat hier deutlich mehr Einstellungen, die Einfluss auf die Daten nehmen,
die Ihr Rechner in die Cloud bringt oder
übermittelt. Wenn Sie Sorge haben, dass Sie
zu transparent werden könnten, schauen
sie sich unter anderem die folgenden Einstellungen an und entscheiden Sie, welche
Funktionen sie nutzen möchten. Unter Einstellungen, Datenschutz, Allgemein können
Sie folgende Dinge beeinflussen:

▶ **Die Werbungs-ID** ist dafür da, dass kostenlose Apps, die sich
über in der App selber abgespielte Werbung finanzieren, für Sie
„passende" Anzeigen verwenden. Diese Option lässt sich ohne Probleme abschalten.

▶ **Der SmartScreen-Filter** ist – zusätzlich zu dem in Microsofts
Browser Edge – dafür da, die Internet-Adressen, die aus dem Windows Store aufgerufen werden, gegen eine Liste bekannter Seiten
mit Schadinhalten abzugleichen. Dies schützt den Rechner, übermittelt aber natürlich auch an den Dienst, welche Seiten Sie aufrufen. Trotzdem: Es empfiehlt sich, diese Einstellung eingeschaltet zu
lassen.

▶ **Informationen zu meinem Schreibverhalten** soll helfen, die
richtigen Wortvervollständigungen zu finden und Ihnen Tippauf-
wand zu sparen. Kritiker bemängeln hier, dass Microsoft damit
mitlesen könne, was sie tippen. Ob dies nun bei einem so automa-
tisierten System wirklich der Fall ist, mag man anzweifeln. Das Ausschalten der Funktion hat aber nur zur Folge, dass die Texterkennung nichts dazulernt. Das ist verschmerzbar.

▶ **Eigene Sprachliste** sorgt dafür, dass Webseiten erkennen können, welche Sprache Sie auf Ihrem Rechner eingestellt haben und Ihnen – soweit verfügbar – Inhalte in dieser Sprache anbieten. Das tut nicht wirklich weh.

▶ **Unter Position finden Sie** eine Liste der Apps, die die Berechtigung haben, auf Ihre Position zuzugreifen. Diese wird aus verschiedenen Faktoren (zum Beispiel den empfangenen Netzwerken, eingebauten GPS-Sensoren etc.) bestimmt. Hier empfiehlt es sich, regelmäßig zu kontrollieren, ob eine App dabei ist, die eigentlich gar keine Positionsdaten bekommen dürfte, und diese zu deaktivieren.

▶ **Cortana** ist eine weitere Anwendung, die viele Informationen sammelt, um Sie kennenzulernen und Ihnen personalisierte Empfehlungen zu geben. Dazu greift sie unter anderem auf Termine, Kontakte, Sprach- und Schrifteingaben und einiges mehr zu. Wenn Ihnen das zu heikel erscheint, dann können Sie diese Funktion durch einen Klick auf Kennenlernen beenden in den Datenschutzeinstellungen unter Spracherkennung, Freihand und Eingabe deaktivieren. Dann allerdings steht Ihnen auch Cortana nicht mehr zur Verfügung. Was Cortana für Sie tun kann – und wie Sie auf Wunsch alles über Sie gelernte wieder vergisst –, dazu siehe „Cortana: Ihre persönliche Assistentin", S. 146).

Dies sind nur einige Beispiele, bei denen Windows Daten sammelt und analysiert. Gehen Sie durch die einzelnen Einträge in den Datenschutzeinstellungen durch und probieren Sie Einstellungen und deren Auswirkungen aus.

Wählen Sie Apps aus, die Ihre Position verwenden dürfen.

App-Verbindung		Aus
Comix		Aus
Cortana — Der Positionsverlauf muss zur Verwendung von Cortana aktiviert sein.		
Facebook		Ein
HERE Maps		Aus
Mail und Kalender		Aus
Microsoft Edge — Websites benötigen noch eine Berechtigung		Aus

---

Mich kennenlernen

Windows und Cortana können Ihre Stimme und Ihre Handschrift analysieren und so persönliche Empfehlungen verbessern. Wir sammeln Informationen wie Kontakte, aktuelle Kalenderereignisse, Sprach- und Handschriftmuster sowie den Eingabeverlauf.

Wenn Sie diese Option deaktivieren, werden die Diktatfunktion und Cortana ebenfalls deaktiviert, und alle Informationen, die das Gerät über Sie hat, werden gelöscht.

Kennenlernen beenden

Die Grund-
funktionen

Windows bleibt Windows? Ja und nein. Auch wenn viele Bedienungsweisen in ihren Grundzügen gleich geblieben sind, wurden doch neue Funktionen, Tastenkombinationen oder Arbeitserleichterungen für die Nutzer hinzugefügt. Dieses Kapitel widmet sich daher dem grundsätzlichen Umgang mit Windows 10. Aber selbst eingefleischte Nutzer können sicher noch den einen oder anderen Kniff lernen.

Das Startmenü: Kacheln und Listen

In Windows 8 wurde die Bedienoberfläche komplett umgestellt: War früher die klassische Oberfläche mit Startmenü und Desktop Standard, wollte Microsoft endlich die immer beliebter werdende „Touch-Bedienung", also die Bedienung mit dem Finger, integrieren. Das Ergebnis war die mittlerweile weithin bekannte Kachel-Oberfläche. Es zeigte sich schnell, dass die Kunden diese nicht vorbehaltlos als Alternative zum klassischen Desktop annehmen wollten. Mit Windows 10 hat Microsoft eine Mixtur beider Oberflächen vorgenommen, die dem Anwender das „Beste beider Welten" bieten soll: Die klassische Desktop-Oberfläche mit einem Startmenü, in dem sich die aus Windows 8.1 bekannten Kacheln befinden – und der Wechsel zwischen Tablet- und Desktopmodus (siehe „Tablet- und Desktopmodus", S. 44).

Die Kacheln im Startmenü

Klicken Sie auf das Windows-Zeichen unten rechts, um das Startmenü zu öffnen. Wenn Sie Windows 8 kennen, finden Sie sich schnell, auch wenn sich in der Kachelwelt einiges geändert hat. Aber auch als Windows-7-Nutzer werden Sie nicht lange brauchen, um die Kacheln wertzuschätzen und optimal nutzen zu können. Die einzelnen Kacheln sind jeweils stellvertretend für ein Programm und zeigen ihnen in den meisten Fällen auch die aktuellsten Informationen. Wie auch bei anderen Listen können Sie mit

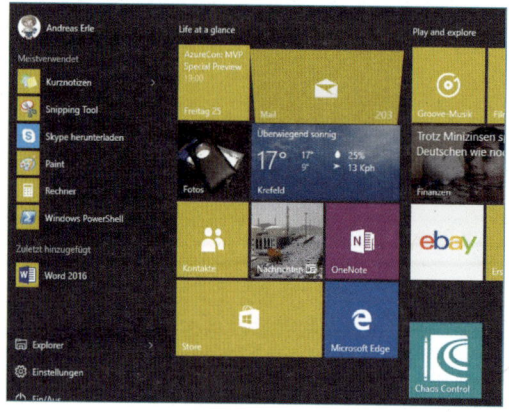

Mausrad oder dem Scrollbalken an der Seite durch Ihre Kacheln scrollen. Zum Starten eines Programms klicken Sie dann einfach die entsprechende Kachel an.

Anordnung und Größe der Kacheln können Sie wie aus Window 8.1 gewohnt selbstständig bis zu einem gewissen Grad ändern sowie bestehende entfernen und neue Apps als Kacheln hinzufügen (siehe „Das Anpassen der Kacheln ...", S. 55).

Wenn Sie einen Touch-Bildschirm haben, können Sie das Startmenü natürlich auch bewegen, indem Sie mit dem Finger von unten nach oben über die Liste streichen.

Tablet- und Desktopmodus

Je nach der Art des Gerätes, das Sie verwenden, kann sich die Funktion der Kacheloberfläche ein wenig anders darstellen: Bei einem Gerät mit einem Touch-Bildschirm wird im Normalfall der Tablet-modus aktiviert sein. Ein Drücken der Windows-Taste führt Sie dann – vergleichbar zu Windows 8 – direkt auf einen Bildschirm, in dem nur Kacheln vorhanden sind. Bei einem Gerät, das normalerweise mit Tastatur und Maus bedient wird, öffnet sich stattdessen das Startmenü, und in diesem befinden sich dann die Kacheln. Die Nutzung und Einrichtung der Kacheln ist identisch (siehe „Das Anpassen der Kacheln in Startmenü und Taskleiste", S. 55).

Alle Apps im Startmenü

Während auf der ersten Ansicht des Startmenüs nur eine Auswahl von Programmen als Kacheln auftaucht, haben Sie natürlich auch eine Möglichkeit, auf all Ihre Programme, Einstellungen und E-Mail-Postfächer zuzugreifen, die sich auf Ihrem PC angesammelt haben. Dafür hat Windows 10 die kleine Schaltfläche „Alle Apps" vorgesehen, die Programmliste. Sobald Sie das Startmenü geöffnet haben, können Sie diese durch Antippen oder Anklicken öffnen.

Auch durch diese Programmliste kann wie gewohnt hindurchgescrollt werden. Hier gibt es aber eine Besonderheit, die Ihnen häufiger begegnen wird, wenn die Einträge in einer Liste alphabetisch sortiert sind – wie beispielsweise die Programme oder die Namen in den Kontakten: Über den Einträgen finden Sie kleine Kästchen, in denen sich jeweils der Anfangsbuchstabe der Einträge darunter befindet, der sogenannte Index.

Um jetzt nicht die gesamte Liste durchrollen zu müssen, wenn Sie beispielsweise ein Programm starten wollen, dessen Name mit dem Buchstaben „F" beginnt, bietet der Index eine Abkürzung. Klicken Sie einfach auf den ersten Index-Buchstaben (etwa A), dann erhalten Sie eine Übersicht, in der Sie den gewünschten Buchstaben (also bspw. F) anklicken können. So springen Sie direkt zu den Programmen, deren Name mit F beginnt.

Wenn Sie den Anfangsbuchstaben nicht kennen, sondern nur einen Teil des Namens, hilft Ihnen die Suche, die es ebenfalls an vielen Stellen bei Windows 10 gibt. Auf diese wird später detailliert eingegangen. Denn mit Cortana haben Sie eine persönliche Assistentin auf Ihrem PC installiert, die noch viel mehr kann als nur Programme suchen (siehe „Cortana: Ihre persönliche ...", S. 146).

Meistverwendete Programme im Startmenü

Der normale Anwender ist Jäger und Sammler, so scheint es. In dieser Rolle kommen im Leben einer Windows-Installation so einige Programme zusammen, die alle im Startmenü oder in den Kachelbildschirmen abgelegt werden.

Sie wissen zwar schon, wie Sie Programme über das alphabetische Register finden können. Windows möchte Ihnen aber ein wenig

mehr Komfort bieten und so lernt es von Ihrem Bedienverhalten: Oben in der Programmliste werden Ihnen die am meisten verwendeten Programme angezeigt. Diese Liste aktualisiert sich selbstständig, wenn Sie Programme starten. Dies macht es für Sie einfach, Programme schnell zu finden, auch wenn diese nicht im Startmenü als Kacheln angepinnt sind.

Was nun, wenn Sie etwa viel in Word gearbeitet haben – aber nicht mehr wissen, wie die letzte Datei hieß? Oder Sie sich fünf neue Apps aus dem Windows Store installiert haben und sich nicht mehr sicher sind, welche das waren? Kein Problem: Wenn es sich anbietet, ist neben dem Eintrag der meistverwendeten Programme ein Pfeil nach rechts zu sehen, hinter dem sich die zuletzt verwendeten Dateien verbergen. Zuletzt hinzugefügte, also neu installierte Programme befinden sich unter den meistverwendeten Programmen. Selbstredend aktualisiert sich auch dieser Eintrag automatisch!

Drei weitere Standardeinträge im Startmenü

❶ Explorer: Die Programme, die Sie auf Ihrem Rechner installiert haben, sind nur die eine Hälfte. Wenn es um Ihre Arbeit oder Ihre Musiksammlung geht, handelt es sich eigentlich um eine Ansammlung von Dateien. Um diese zu ordnen, organisieren, verwalten und im Überblick behalten zu können, dazu ist der Explorer da (siehe „Dateien verschieben, ordnen ...", S. 73).

❷ Einstellungen: Windows bietet eine riesige Menge an Anpassungsmöglichkeiten, vom Aussehen der Oberfläche über die Funktion von Programmen bis hin zur Einrichtung von Hardwarekomponenten. Alle diese Anpassungsmöglichkeiten sind zentral durch ein Tippen auf Einstellungen erreichbar.

❸ Ein/Aus: Irgendwann sind Sie bei aller Begeisterung fertig mit der Arbeit an Ihrem PC, dann wollen Sie ihn ausschalten. Dazu findet sich im Startmenü der Eintrag Ein/Aus. Tippen Sie darauf, dann können Sie zwischen drei Optionen wählen:

► **Energie sparen:** Ihr PC ist noch an, geht aber in einen Ruhemodus. Der Vorteil: Sie können Ihn durch einen Tastendruck wieder aufwecken. Er ist in Sekundenbruchteilen wieder aufnahmebereit und alle geöffneten Programme sind noch da. Der Nachteil: Er verbraucht Energie, da er nicht ganz ausgeschaltet ist.

► **Herunterfahren:** Mit dieser Option wird Ihr PC ordentlich heruntergefahren und dann ausgeschaltet. Dies ist die beste Einstellung, wenn Sie ihn länger nicht benutzen wollen.

► **Neu starten:** Wenn gerade eine Aktualisierung installiert worden ist oder Ihr PC nicht so recht willig scheint, Ihre Befehle auszuführen, macht ein Neustart Sinn. Bei diesem startet der PC einmal ordentlich neu und beendet damit beispielsweise blockierende Programme.

Wichtig dabei: Beenden Sie vor dem Ausschalten oder Neustart in jedem Fall alle Programme und speichern Sie alle Dokumente, um keine Daten zu verlieren. Am Ein/Aus-Schalter sollten Sie Ihren PC nur dann ausschalten, wenn er überhaupt nicht mehr reagiert. Im Normalbetrieb fahren Sie ihn stattdessen wie oben beschrieben herunter. Nur so werden alle Dienste und Programme ordnungsgemäß beendet und können später wieder problemlos gestartet werden.

Die Taskleiste

In Windows 10 ist die Kachelwelt nur eine der möglichen Bedienoberflächen. Wer diese nicht nutzen möchte, sondern eher die klassische Bedienung über den Desktop bevorzugt, muss nicht verzichten. Wie jedes Windows bisher hat auch Windows 10 die sogenannte Taskleiste.

Darin befinden sich ebenfalls kleine Symbole, die für Programme und Apps stehen. Programme, die aktuell ausgeführt werden, haben ein kleines „Statuslicht" unter sich, das anzeigt, dass sie aktiv sind. Jedes gestartete Programm und jede gestartete App bekommt

also dort einen Eintrag. Wenn Sie den Mauszeiger über einen solchen Eintrag bewegen, bekommen Sie ein kleines Bild des aktuellen Bildschirminhalts angezeigt.

Symbole, die kein „Statuslicht" unter ihrem Symbol haben, sind nicht gestartet, aber an der Taskleiste angeheftet. Klicken Sie sie an, dann starten sie. Wird ein Programm gestartet, dass vorher kein Symbol auf der Taskleiste hatte, taucht es nun dort auf. Auch diese Symbole können Sie nach Belieben verändern (siehe „Anpassungen der Taskleiste", S. 55 und S. 187).

Ihr persönliches Windows 10: Anpassen der Oberfläche

Windows 10 hat viele der Eigenschaften von Windows 8 und Windows Phone übernommen, die sich beide damit rühmten, dass Sie aus Ihrem Gerät von der Stange Ihr ganz persönliches Gerät machen können, mit Farben, Hintergrundbildern, eigenen Tönen und mehr. Gewöhnen Sie sich schon mal daran: Dies ist ein Prozess, der niemals abgeschlossen sein wird. Wenn Sie einmal auf den Geschmack gekommen sind, ändern Sie das Aussehen Ihres PCs womöglich nach Ihrer aktuellen Stimmung, dem Wetter oder den Fußballergebnissen. Wenn Ihnen das Ganze aber im wahrsten Sinne des Wortes „zu bunt" ist, können Sie ohne Probleme auch mit einem schlichten Design arbeiten, das Sie nicht von der Arbeit ablenkt.

Das Info-Center

Dieses Menü ist neu in Windows 10. Sie erreichen es, indem Sie unten rechts neben der Uhrzeit auf die Sprechblase klicken oder von rechts außerhalb des Bildschirms nach links hin wischen, wenn Sie einen Touchscreen haben.

Das Info-Center ist ein bisschen wie das Benachrichtigungsfeld auf einem Smartphone. Auch hier versucht Windows 10, Ihnen die Arbeit so einfach wie möglich zu machen: Sie finden für die wichtigsten Funktionen wie WLAN, Bildschirmhelligkeit, automatische Ausrichtung, Bluetooth usw. kleine „Schalter", die sie einfach nur anklicken oder antippen müssen, um die entsprechende Funktion ein- oder auszuschalten bzw. deren Werte zu verändern.

Der Desktop

Der Desktop, quasi die virtuelle Arbeitsplatte Ihres Schreibtisches, ist der zentrale Punkt Ihres Computers. Auf ihm können Sie alles Mögliche ablegen und natürlich auch relativ frei nach Ihren Vorlieben verändern. Richten Sie sich diesen Bereich so ein, wie Sie es gerne möchten, denn Sie werden ihn oft zu Gesicht bekommen.

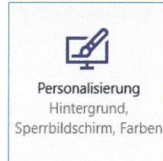

Personalisierung
Hintergrund, Sperrbildschirm, Farben

Sie erreichen die Optionen im Einstellungsbildschirm durch ein Klicken auf Personalisierung. Einige der Einstellmöglichkeiten, etwa Farben, beziehen sich auf das Aussehen von sowohl Desktop als auch Startmenü, andere ändern nur das Bild des Hintergrunds oder das des Sperrbildschirms.

Ein Hintergrundbild einrichten

Wenn Sie im Desktopmodus arbeiten, ist das Hintergrundbild die größte Fläche, die Sie während Ihrer Arbeit sehen. Grund genug, hier ein besonders schönes Bild auszusuchen. Personalisierung ist etwas Wunderbares: Mit wenig Aufwand kann man eine große Wirkung erzielen und aus einem langweiligen PC seine eigene Arbeitsoberfläche machen. Einen Fehler sollten Sie dabei aber nicht machen: So bunt und schön Sie Ihre Oberfläche einrichten können, so sehr sollten Sie immer im Hinterkopf behalten, dass es sich bei Ihrem PC in der Hauptsache um ein Arbeitsgerät handelt. Je bunter, detailreicher und damit unruhiger Sie den Hintergrund wählen, desto mehr werden Sie abgelenkt. Am besten verwenden Sie ruhige Bilder mit gedeckten Farben statt detailreiche, bunte Urlaubsaufnahmen.

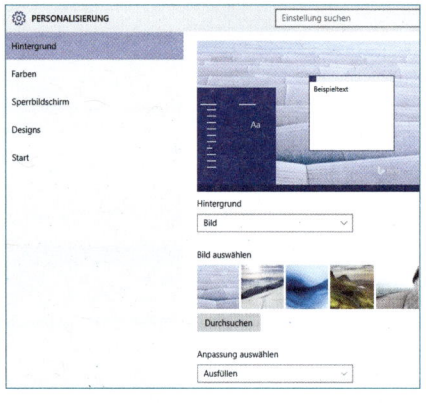

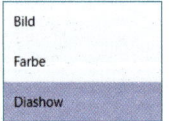

1 Klicken Sie in den Einstellungen auf Personalisierung und auf Hintergrund. Hier können Sie aus verschiedenen Optionen auswählen.

2 Klicken Sie auf den ausklappbaren Eintrag unter Hintergrund, und wählen Sie zwischen drei verschiedenen Hintergrundarten: Das Bild erlaubt Ihnen die Verwendung eines statischen Bildes, entweder aus den von Windows 10 mitgelieferten oder auf Ihren persönlichen Bildern auswählbar.

3 Wenn Sie auf eines der angezeigten Bilder klicken, wird dieses automatisch als Hintergrundbild verwendet. Möchten Sie stattdessen ein eigenes Bild verwenden, klicken oder tippen Sie auf Durchsuchen.

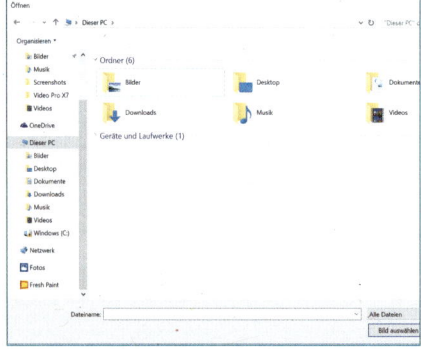

4 Wählen Sie dann das Bild aus, das Sie als Hintergrund verwenden möchten, dann klicken Sie auf Bild auswählen. Wählen Sie statt eines Bildes Farbe, dann können Sie aus einer Farbpalette einen einfarbigen Hintergrund wählen. Diashow schließlich ermöglicht es Ihnen, ein Verzeichnis anzugeben, aus denen alle Bilder in wechselnder Reihenfolge angezeigt werden.

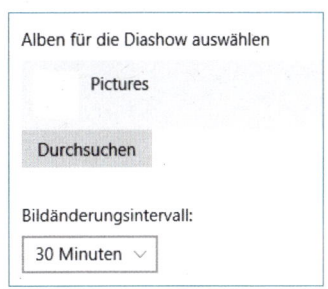

Zusätzlich können Sie bei dieser Einstellung noch angeben, wie schnell die Bilder wechseln sollen, indem Sie bei Bildänderungsintervall die gewünschte Zeit einstellen.

Nun wird ein Bild im Normalfall nicht die exakten Maße und das korrekte Seitenverhältnis Ihres Bildschirms haben, und so kann es passieren, dass dieses nicht richtig passt und Teile des Desktops unbedeckt lassen würde. Um dies zu vermeiden, klicken Sie auf das Auswahlfeld unter Anpassung auswählen und probieren die einzelnen Optionen darin aus, bis alle Elemente des Bildes sichtbar sind und es für Sie gut aussieht. Auf den ersten Blick sind die Optionen für die Anpassung eines Hintergrundbildes auf den Desktop ein wenig verwirrend: Die Vielzahl der Optionen kommt daher, dass jedes „Hineinquetschen" des Bildes auch dessen Proportionen verändert. Selbstredend bleib das Originalbild unverändert.

Die wichtigsten Optionen sind hier:

► **Dehnen:** Die Höhe des Bildes wird beibehalten, wenn nötig, wird oben und unten etwas abgeschnitten.

► **Strecken:** Die Breite des Bildes wird beibehalten, wenn nötig, wird links und rechts etwas abgeschnitten.

► **Zentriert:** Die Mitte des Bildes wird in der Mitte des Desktops platziert. Je nachdem, ob das Bild zu breit oder zu hoch ist, wird etwas abgeschnitten.

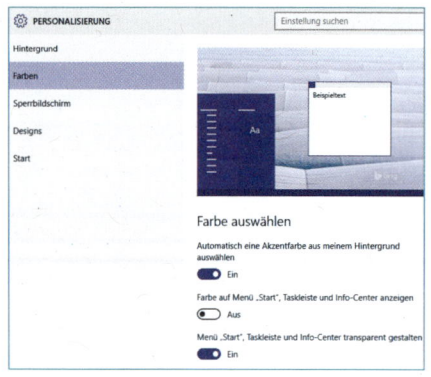

Akzentfarbe auswählen

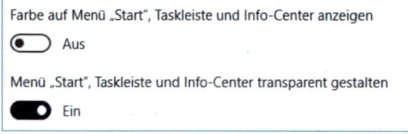

Die Farben

Um die Farbgebung der Bedienoberfläche zu ändern, tippen Sie in den Einstellungen für die Personalisierung links in der Liste auf Farben. Hier haben Sie nun drei grobe Einstellmöglichkeiten:

1 Standardmäßig ist die Farbwahl so angelegt, dass Windows sich das von Ihnen bereits ausgewählte Hintergrundbild nimmt und die dazu passende Farbe für die Symbole, Symbolleisten und andere Elemente auswählt.

2 Wenn Sie dies nicht möchten, tippen Sie auf den Schalter unter „Automatisch eine Akzentfarbe aus meinem Hintergrund auswählen". Hier können Sie die Akzentfarbe selbst bestimmen, indem Sie sie aus der angezeigten Palette wählen.

3 Im Normalfall verwendet Windows 10 für das Startmenü und den Hintergrund der Symbolleisten einen dunklen Hintergrund. Wenn Ihnen das zu trist ist, können Sie unter „Farbe auf Menü „Start", Taskleiste und Info-Center" den Schalter durch einen Klick aktivieren, und schon wird die von Ihnen gewählte Farbe auch für diese Elemente übernommen.

Eine Einstellung, die Sie bei einem schwächeren PC genau überlegen sollten, ist die Transparenz. Dabei werden Symbolleisten und Titelleisten von Fenstern leicht durchsichtig angezeigt und lassen so einen Schimmer der dahinterliegenden Elemente durchscheinen. Das sieht auf der einen Seite sehr hübsch aus, belastet aber Ihren PC mehr als wenn diese Funktion ausgeschaltet ist. Wenn Sie merken, das Ihr PC beim Bewegen von Fenstern ins Stottern kommt, schalten Sie diese Funktion ganz unten bei „Menü „Start", Taskleiste und Info-Center transparent gestalten" einfach aus.

Info

Designs wie bei Windows 7 und 8: Ohne Frage, Windows 10 macht das Einrichten der Farben und Designs sehr einfach und gibt Ihnen viele Möglichkeiten. Wenn Ihnen das alles zu bunt wird, klicken Sie auf Designs, Designeinstellungen. Sie bekommen dann denselben Bildschirm, der auch schon unter Windows 7 und Windows 8 für die schnelle Anpassung der wichtigsten Elemente verwendet wurde. Mit diesem können Sie beispielsweise auf einem auf Windows 10 aktualisierten Rechner dieselben Einstellungen vornehmen wie vorher, sodass Sie sich als Anwender sofort „heimisch" fühlen.

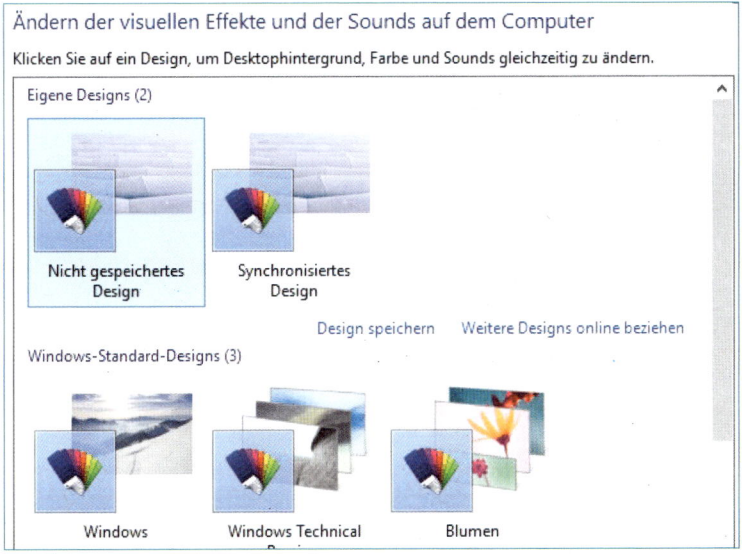

Ändern der visuellen Effekte und der Sounds auf dem Computer

Klicken Sie auf ein Design, um Desktophintergrund, Farbe und Sounds gleichzeitig zu ändern.

Eigene Designs (2)

Nicht gespeichertes Design

Synchronisiertes Design

Design speichern   Weitere Designs online beziehen

Windows-Standard-Designs (3)

Windows

Windows Technical

Blumen

Das Anpassen des Sperrbildschirms

Sie erinnern sich: Der Sperrbildschirm ist der Bildschirm, der Ihnen nach jedem Einschalten des Gerätes angezeigt wird und den Sie durch Antippen des Leertaste oder nach oben Wischen mit dem Finger deaktivieren können. Auch diesen können Sie natürlich nach Ihren Wünschen anpassen.

1 Auch der Sperrbildschirm ist normalerweise ein Bild. Wenn Sie in den Einstellungen unter Personalisierung auf Sperrbildschirm klicken, können Sie dieses ändern. Im Standard ist hier „Windows-Spotlight" ausgewählt. Diese Einstellung lädt aktuelle Bilder von Microsofts eigenem bing-Bilderservice, um den Startbildschirm ein wenig aufzupeppen.

2 Wenn Sie dies nicht möchten, wechseln Sie einfach – wie oben schon für die Hintergrundbilder beschrieben – auf ein Bild Ihrer Wahl.

3 Der Sperrbildschirm hat aber noch eine weitere Funktion, als nur schön auszusehen: Er soll Ihnen bei gesperrtem Gerät Statusinformationen anzeigen, damit Sie einen schnellen Überblick bekommen. Als Erstes sehen Sie immer das aktuelle Datum und die aktuelle Uhrzeit.

4 Dazu können Sie von einer durch Sie bestimmten App detaillierte Statusinformationen anzeigen lassen, etwa die letzte eingegangene E-Mail oder der nächste Termin. Klicken Sie auf das Symbol unter „App zum Anzeigen ausführlicher Statusinfos auswählen" und wählen Sie die gewünschte App aus.

5 Ebenso können Sie bis zu 7 Apps auswählen, die Ihnen verkürzte Statusinformationen auf dem Sperrbildschirm anzeigen. Dazu haben Sie unter „Apps zur Anzeige kurzer Statusinfos auswählen" sieben Symbole, für die Sie durch Anklicken die jeweilige App bestimmen können.

Info

Apps und Programme: Die beiden Begriffe gehen manchmal ein wenig durcheinander. Mit Windows 8 wurden die sogenannten Apps (kurz für Applications, Anwendungen) eingeführt. Diese sind fingerbedienbare Programme, die nur über den Windows Store heruntergeladen werden können.

Programme oder Win32 Apps dagegen sind die schon von ganz frühen Windows-Versionen bekannten Programme, die von Webseiten, von einer CD oder einem externen Datenträger installiert werden können.

Der wichtige Unterschied: Eine App kann unter Windows 10, falls sie als Universal-App programmiert wurde, auch auf einem Telefon mit Windows 10 Mobile oder einem kleinen Tablet ohne Desktopmodus verwendet werden – ein normales Programm nicht. Hinzu kommt, dass die Kacheln von Apps meist eine „Live-Funktion" haben und in der Kachel aktuelle Informationen (wie den nächsten Termin oder eine neue E-Mail) anzeigen. Heften Sie ein Programm ins Startmenü, bekommt es zwar auch eine Kachel, diese ist aber statisch und dient allein zum Starten des Programms.

Das Anpassen der Kacheln in Startmenü und Taskleiste

Jede Kachel im Startmenü steht für ein Programm oder eine App und jeder Eintrag in der Programmliste kann auch als Kachel auf den Startbildschirm gelegt werden. Dies können Sie sich vorstellen

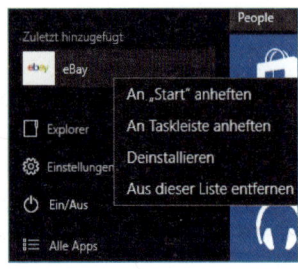

wie das Bereitlegen der wichtigsten Sachen rund um Ihren Fernsehsessel, damit Sie möglichst wenig aufstehen, herumlaufen und suchen müssen.

Um ein Programm als Kachel in das Startmenü anzuheften, navigieren Sie im Startmenü unter Alle App zu dem entsprechenden Programm und drücken die rechte Maustaste bzw. halten den Finger länger darauf gedrückt. Es öffnet sich ein kleines Menü, indem Sie verschiedene Optionen wählen können.

An Start anheften legt eine neue Kachel im Startmenü an, die Sie dann beliebig in ihrer Größe und Position verändern können.

An Taskleiste anheften bewirkt quasi dasselbe, nur wird die Kachel nicht im Startmenü, sondern auf der Taskleiste abgelegt. Dies vereinfacht Ihnen das Starten von Programmen und Apps direkt vom Desktop, ohne in das Startmenü wechseln zu müssen.

Info

App-Symbole aus Taskleiste entfernen: Die zuletzt installierten oder meistverwendeten Dateien werden in Listen im Startmenü und per Rechtsklick auf das Symbol in der Taskleiste angezeigt. Nun kann es vorkommen, dass eines der Programme auf Ihrem Gerät zwar häufig verwendet wird, dies aber nicht ganz so offenbar für jeden sein soll, der Ihren Rechner verwendet. Wie schon in Windows 7 und 8 können Sie in einem solchen Fall auch unter Windows 10 per Rechtsklick das Programm aus der Liste löschen oder eine der verwendeten Dateien aus dieser Liste entfernen. Das Programm selber bleibt davon unberührt. Erst wenn Sie auf Deinstallieren klicken, wird es von Ihrem PC entfernt.

Löschen von Kacheln

Um eine Kachel zu löschen, wechseln Sie ins Startmenü und drücken Sie die rechte Maustaste, bis sich ein kleines Kontext-Menü öffnet. Wählen Sie darin Von Start lösen aus. Bei einem Symbol in der Taskleiste klicken Sie stattdessen auf Löschen.

Bei Touchscreens können Sie die Kachel auch länger antippen. Tippen Sie dann auf die Nadel, um die Kachel vom Startbildschirm zu löschen. Keine Sorge: Damit ist nicht das Programm selber gelöscht, sondern nur die Kachel. Diese können Sie jederzeit wieder anheften.

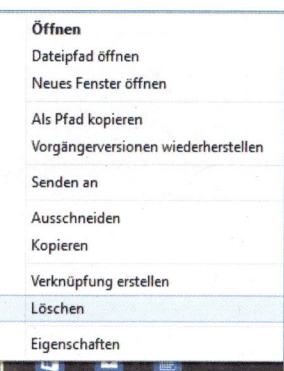

Der erste Schritt bei der Anpassung Ihres PCs wird sicherlich ein Großreinemachen sein: Jeder Hersteller packt Ihnen neben den Standardprogrammen noch das eine oder andere Zusatzprogramm, das Sie gar nicht benötigen, auf die Startseite. Machen Sie erst einmal Platz und fügen Sie dann in Ruhe und nach und nach die Kacheln hinzu, die Sie wirklich brauchen.

Kacheln bewegen und verändern

Die Anordnung der Kacheln ist natürlich nicht festgelegt und unveränderlich, sondern liegt allein in Ihren Händen. Dies betrifft nicht nur die „echten" Kacheln im Startmenü, sondern auch die Symbole in der Taskleiste.

1 Wenn Sie eine Kachel bewegen möchten, bewegen Sie den Mauszeiger darauf und halten die linke Maustaste gedrückt oder halten Sie – bei einem Touch-Bildschirm – einfach den Finger darauf gedrückt.

2 Sobald diese vergrößert angezeigt wird, haftet sie an der Maus/ Ihrem Finger und kann mit diesem bewegt werden.

3 Lassen Sie sie los, dann wird sie an der Stelle, an der sie sich gerade befindet, abgelegt.

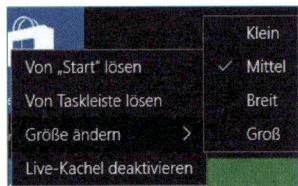

Auch die Größe der Kacheln ist veränderbar. Wählen Sie im Kontextmenü per Rechtsklick auf eine Kachel „Größe ändern", dann können Sie zwischen bis zu vier verschiedenen Größen auswählen.

▶ **Mittel:** Die quadratische Standardgröße.

▶ **Klein:** Ein Viertel so groß wie die normale Kachel – diese beiden Optionen stehen immer zur Verfügung

▶ **Breit:** zwei mittlere Kacheln werden zu einem liegenden Rechteck.

▶ **Groß:** Das Standardquadrat mal vier. Diese beiden Größen existieren bei den meisten, aber nicht bei allen Kacheln.

Je nach der Größe der Kachel werden natürlich auch unterschiedlich viele Informationen darauf angezeigt. Probieren Sie einfach aus, welche Größe und welche Anordnung der Kacheln für Sie Sinn machen.

Kacheln gruppieren

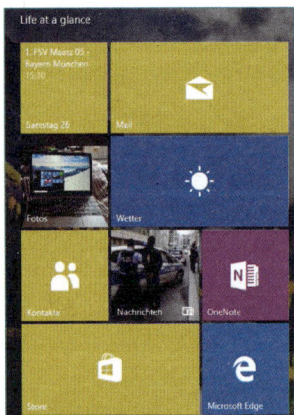

Alle Kacheln einfach nur in das Startmenü zu „werfen", ist keine echte Alternative, das würde schnell Unordnung bedeuten. Aus diesem Grunde hat Windows 10 bereits im Standard eine Gruppierung vorgenommen. Die ist natürlich nicht unabänderlich, sondern kann von Ihnen frei verändert werden. Beim Verschieben von Kacheln können Sie diese bereits in einer Gruppe ablegen, indem Sie sie einfach in dem Bereich der Gruppe „fallen lassen".

1 Um eine neue Gruppe anzulegen, bewegen Sie die Kachel mit Maus oder Finger einfach in einen leeren Bereich im Startmenü zwischen zwei Gruppen, bis dahinter ein leerer Balken erscheint. Lassen Sie die Kachel los.

2 Nun steht die Kachel noch ein wenig einsam im Wege rum, insofern sollten Sie die Gruppe noch benennen. Klicken oder tippen Sie dazu in den Bereich über der Kachel, dann öffnet sich ein kleines Eingabefeld. Geben Sie dort den Namen der Gruppe ein, der Ihnen als beste Zusammenfassung der Kacheln erscheint, die sich in dieser Gruppe befinden.

3 Wenn Sie die Position einer Gruppe im Startmenü ändern möchten, können Sie dies ganz einfach machen: Klicken Sie auf den Namen der zu verschiebenden Gruppe, dann erscheint rechts neben dem Eingabefeld ein Symbol zweier übereinanderliegender Striche. Halten Sie den Mauszeiger mit gedrückter linker Maustaste oder den Finger darauf und bewegen Sie die Gruppe einfach an die gewünschte Position.

Besondere Einstellungen für den Desktop bei älteren Apps

Die Kachelwelt ist ungemein flexibel und lässt sich – wie Sie ja auf den vergangenen Seiten gelesen haben – unglaublich vielseitig anpassen. Nun hat diese Welt einen Nachteil: Sie ist neu, und nicht alle alten Programme sind bereit, sich vollkommen auf ihr zurechtzufinden. Aus diesem Grund gibt es noch die eine oder andere Einstellung, die für die Nicht-Kachelwelt vorgenommen werden kann.

Zu diesen Einstellungen gelangen Sie, wenn Sie im allgemeinen Einstellungsbildschirm auf System und dann auf Bildschirm klicken.

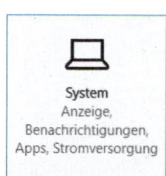

System
Anzeige,
Benachrichtigungen,
Apps, Stromversorgung

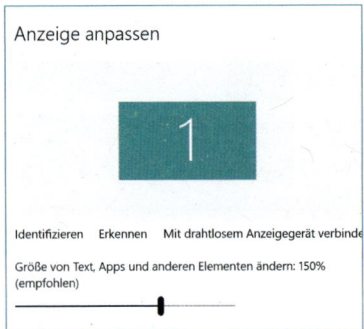

Ein besonderes Problem der sogenannten „Legacy Apps", also älterer Programme, die über Betriebssystemversionen weitervererbt wurden, ist die Tatsache, dass sie nicht mit den hohen Auflösungen der modernen Bildschirme rechnen. Hatte man früher Auflösungen von 1024 x 786 Bildpunkten, so sind heutzutage Auflösungen von 1920 x 1080 („Full HD") und höher der Standard. Das bedeutet vor allem, dass auf gleicher Fläche mehr Bildpunkte abgebildet werden und Elemente damit automatisch kleiner werden. Moderne Programme passen ihre Schaltflächen darauf an, bei den alten Programmen werden Elemente aber viel zu klein.

Dies lässt sich systemweit ändern, indem Sie den Regler unter „Größe von Text, Apps und anderen Elementen" mit Maus oder Finger weiter nach rechts ziehen und so alle Elemente größer machen.

Wie so viele Einstellungen bei Windows 10 ist dies eine, mit der Sie experimentieren müssen: Stellen Sie hier einen zu großen Faktor ein, dann sind gegebenenfalls die Elemente von neueren Apps zu groß und nicht alle Informationen passen auf den Bildschirm. Probieren Sie es einfach aus!

Drehung des Bildschirms und Bildschirmhelligkeit

Wenn Sie einen Tablet-PC verwenden, dann können Sie diesen sowohl im Quer- als auch im Hochformat verwenden, je nachdem, welches Format für das gerade verwendete Programm oder App optimal ist. Tablets haben meist einen Sensor installiert, der Windows die aktuelle Ausrichtung des Gerätes mitteilt, und Windows dreht den Bildschirminhalt dann entsprechend automatisch. Wenn sie dies nicht wünschen, schalten Sie die Option „Drehung dieser Anzeige sperren" ein. Die aktuelle Ausrichtung wird dann fixiert.

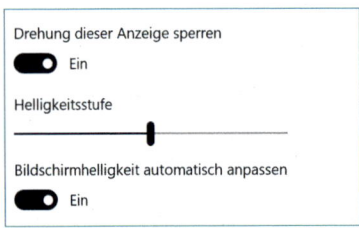

Bildschirmhelligkeit

Um die Bildschirmhelligkeit anzupassen, können Sie den Regler Helligkeitsstufe verwenden. Je weiter Sie diesen mit Maus oder Finger nach rechts bewegen, desto heller wird der Bildschirm, je weiter Sie ihn nach links bewegen, desto dunkler wird dieser.

Ist „Bildschirmhelligkeit automatisch anpassen" aktiviert, dann besitzt Ihr Bildschirm oder Ihr Gerät einen Helligkeitssensor und passt die Bildschirmhelligkeit abhängig von der Helligkeit der Umgebung automatisch an.

Übrigens können Sie beide Einstellungen auch über die Schnelleinstellungen durch Anklicken der kleinen Sprechblase am unteren rechten Bildschirmrand verändern: Die Ausrichtungssperre ist ein eigener Schalter, der diese ein- bzw. ausschaltet.

Für die Helligkeit können Sie auf die entsprechende Schaltfläche tippen, dann ändert diese sich in 25%-Schritten.

Hilfreiche Tastenkombinationen und Gesten

„Tastenkombinationen? Ich habe doch eine Maus?!" Richtig. Haben Sie, und Sie können auch alle Funktionen, die Ihnen auf den kommenden Seiten beschrieben werden, auch mit der Maus erreichen. Über die Tastatur lassen sich aber manche Dinge einfach schneller erledigen, und insofern werden Sie die eine oder andere davon sicherlich in Ihr Standardrepertoire übernehmen.

Text markieren und Zwischenablage nutzen

Die Zwischenablage wird bald Ihr bester Freund sein: Sie ist ein kleiner Zwischenspeicher, in den Sie sich beliebige Elemente wie Text oder Bilder aus einem Programm hineinkopieren können und dann aus dieser Ablage wieder in ein anderes Programm hineinkopieren können.

Sie sehen es schon in der Abbildung – meist werden Sie Text in die Zwischenablage legen und von dort aus weiterverarbeiten. So können Sie oft viel Zeit sparen. Es gibt dafür mehrere Möglichkeiten:

▶ **Text markieren mit Maus:** Bewegen Sie den Mauszeiger auf den Anfang des Bereiches, den Sie markieren möchten, dann drücken Sie die linke Maustaste und bewegen die Maus an das Ende des Bereiches. Der markierte Text wird nun dunkel dargestellt.

Nutzung der Zwischenablage

Die Zwischenablage wird bald Ihr bester Freund sein: Sie ist ein kleiner Zwischenspeicher, in dem Sie sich beliebige Elemente wie Text oder Bilder aus e Programm hineinkopieren können und dann in einem anderen Programm aus die wieder hineinkopieren können.

▶ **Text markieren mit Touch-Bildschirm:** Halten Sie den Finger länger auf ein Wort gedrückt, dann wird dieses markiert, hat zusätzlich aber noch zwei kleine Kreise links und rechts oben an der Markierung. Wollen Sie einen größeren Bereich markieren als dieses eine Wort, halten Sie den Finger auf den entsprechenden Kreis und bewegen Sie ihn dann bis zum Ende bzw. Anfang des zu markierenden Bereiches.

▶ **Text markieren mit Tastatur:** [Umschalttaste] + Pfeiltasten links/rechts markiert zeichenweise den Bereich von der aktuellen Position der Schreibmarkierung bis zur neuen, über die Pfeiltasten festgelegten Position. [Umschalt] + [Strg] + Pfeiltaste links/rechts lässt die Markierung wortweise voranspringen. [Strg] + A markiert einfach den gesamten Text.

Tastenkombinationen für Markierungen

Um einen markierten Bereich weiterverarbeiten zu können, arbeiten Sie am schnellsten mit der Tastatur:

▶ **[STRG] + C** kopiert den markierten Bereich in die Zwischenablage, lässt aber den Originaltext an der Stelle, von der Sie ihn kopieren. Die klassische Anwendung hierfür ist die Kopie von Text für einen wiederkehrenden, nur leicht veränderten Absatz.

▶ **[STRG] + X** schneidet den markierten Bereich aus den Quelldokument aus, legt also eine Kopie in der Zwischenablage ab und löscht ihn aus dem Quelldokument. Dies ist hilfreich, wenn Sie eine Textpassage an der falschen Stelle eingegeben haben und sie stattdessen an einem anderen Ort im Dokument nutzen möchten.

▶ **[STRG] + V** fügt den Inhalt der Zwischenablage an der aktuellen Position der Schreibmarkierung (auch Cursor genannt) im aktiven Programm ein.

▶ **[STRG] + N** öffnet eine neue (leere) Anwendung des Programms, in dem Sie sich gerade befinden – wenn Sie mit Text arbeiten, also vermutlich Word.

▶ **Superkombinationen:** Man kann diese Tastenkombinationen auch in schneller Abfolge ausführen: Nacheinander [Strg] + A, [Strg]+C, [Strg] + N, [Strg] + V, [Strg] + S gedrückt haben Sie in null Komma nichts den gesamten Text markiert, kopiert, in ein neues Dokument eingefügt und gespeichert.

Wechseln zwischen Programmen

Der Kern der Arbeit mit Ihrem Windows 10 ist die Arbeit mit Programmen und Apps. Sie haben bereits gesehen, dass jedes Programm, das gerade läuft, auf dem Desktop in der Taskleiste einen kleinen Symboleintrag hat, der „von unten beleuchtet" ist. Je nach Intensität Ihrer Arbeit kann es schnell vorkommen, dass die Taskleiste überfüllt ist und Sie den Überblick zu verlieren drohen. Da ist es hilfreich, schnell über die Tastatur zwischen Programmen wechseln zu können.

1 Über [Alt] + [Tab] können Sie zwischen den laufenden Programmen wechseln. Halten Sie dazu die [Alt]-Taste gedrückt.

2 Jedes Drücken der [Tab]-Taste wechselt in das jeweils nächste geöffnete Programm.

3 Lassen Sie die [Alt]-Taste los, wird das aktuell angewählte Programm geöffnet und Sie können darin arbeiten.

Taskansicht – Anzeigen der Programmliste

Gerade, wenn Sie viele Programme geöffnet haben, ist diese schrittweise Vorgehensweise gegebenenfalls langwierig. In Windows 10 gibt es daher als Neuerung die Taskansicht.

1 Drücken und halten Sie die [Windows]-Taste und drücken Sie gleichzeitig die [Tab]-Taste.

2 Es öffnet sich eine den Desktop füllende Übersicht der laufenden Programme, in der Sie sogar deren aktuellen Fensterinhalt sehen können: Die Taskansicht.

3 Klicken Sie in der Taskansicht das gewünschte Programm mit Maus oder Finger an, um hineinzuwechseln.

4 Um das aktuelle Programm schnell und unkompliziert zu schließen, drücken Sie einfach die Tastenkombination [Alt] + F4. Haben Sie noch ungespeicherte Änderungen, fragt Windows Sie vorher, ob Sie diese speichern möchten.

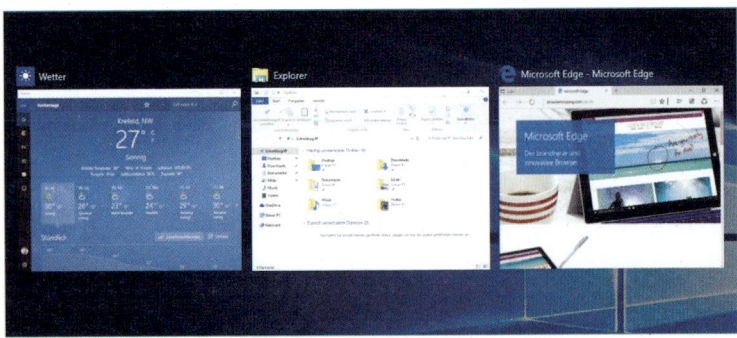

Positionieren von Fenstern

Fenster lassen sich seit den Anfängen von Windows einfach und schnell manuell positionieren, indem man ihren oberen Rand greift, sie verschiebt und wieder loslässt. Danach mussten sie an der Ecke angeklickt und in die gewünschte Größe geschoben werden. An sich damals ein toller neuer Service, ist es heutzutage manchmal doch zu viel Aufwand: Wenn Sie zum Beispiel zwei Fenster neben- oder übereinander anordnen möchten und beide gleich groß sein sollen, geht das einfach über Tastenkombinationen.

Bevor Sie eine solche Tastenkombination nutzen, klicken oder tippen Sie in das Fenster, das Sie bewegen möchten.

▶ **[Windows] + [Pfeil links]** positioniert das aktuelle Fenster in der linken Bildschirmhälfte.

▶ **[Windows] + [Pfeil rechts]** positioniert das aktuelle Fenster in der rechten Bildschirmhälfte.

▶ **[Windows] + [Pfeil hoch]** maximiert ein Fenster auf Vollbild.

▶ **[Windows] + [Pfeil runter]** reduziert ein Vollbild auf Fenstergröße. Ein Programm, dass bereits in Fenstergröße läuft, wird minimiert.

▶ **Kombinationen der Tastenkombinationen:** Diese Anwendung ist besonders praktisch: Wenn Sie beispielsweise ein Fenster in das obere linke Viertel des Bildschirms bekommen möchten, drücken Sie erst [Windows] + [Pfeil links] und danach [Windows] + [Pfeil oben].

Nutzen der virtuellen Desktops

Auf einem PC können mit Windows 10 erstmals mehrere Desktops genutzt werden. Das können Sie sich vorstellen, als würden Sie nicht nur einen Schreibtisch nutzen, sondern hätten mehrere Tische in Ihrem Büro zu stehen. Jeder Schreibtisch kann verschiedene Elemente mit unterschiedlichen

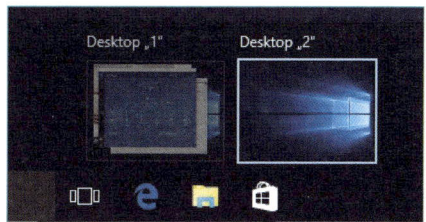

Größen und Positionen enthalten und so eine bestimmte Funktion wahrnehmen. Sie als Anwender können dann schnell zwischen den Schreibtischen wechseln, statt mühsam wühlen zu müssen.

► **[Windows] + [Strg] + [D]** Erzeugt einen neuen Desktop. Hier ist alles ordentlich. Alle zuvor geöffneten Programme laufen weiterhin – auf Desktop 1. Auf Desktop 2 können Sie sich eine ganz neue Fensterübersicht zusammenstellen.

► **[Windows] + [Strg] + [F4]** Schließt den aktuellen Desktop. Hier sollten Sie allerdings Vorsicht walten lassen: Mit dieser Aktion ist schnell die mühsam angelegte Ordnung, die Sie in Ihrer aktuellen Sitzung vielleicht noch benötigen, zerstört! Allerdings auch nur die Ordnung – Änderungen in Programmen werden nicht gelöscht.

► **[Windows] + [Strg] + [Pfeil links]** Wechselt zum jeweils vorigen Desktop und

► **[Windows] + [Strg] + [Pfeil rechts]** zum nächsten Desktop. Es ähnelt also der [Alt] + [Tab]-Funktion, mit der Sie zwischen Ihren geöffneten Programmen hin- und herwechseln.

► **Halten von [Windows] + [Strg]** Bei wiederholtem Drücken der jeweiligen Pfeil-Taste wechseln Sie schrittweise durch die Desktops.

Wischgesten im Desktopmodus

Unter Windows 8 mit seiner starken Ausrichtung auf Geräte mit Touchbildschirmen gab es neben den Tastenkombinationen auch

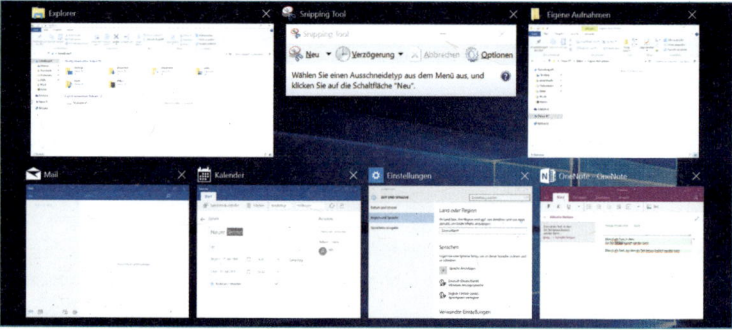

Wischgesten, mit denen Sie weitere Funktionen auswählen konnten. Diese sind unter Windows 10 deutlich zusammengestrichen und verändert worden. Falls Sie „nur" einen normalen Monitor haben – keine Sorge, es gibt für alles auch Tastenkombinationen.

▶ **Wischen vom linken Bildschirmrand** in Richtung Mitte des Bildschirms: Sie wechseln in die Taskansicht mit der Übersicht auf die laufenden Programme und Apps (siehe „Taskansicht", S. 64). Andernfalls: [Windows]+[Tab]-Taste.

▶ **Wischen vom rechten Bildschirmrand nach links:** Öffnet das Info-Center, mit Benachrichtigungen und Kurzzugriffen auf Einstellungen und Funktionen (siehe „Info-Center", S. 49). Andernfalls: Klick auf die Sprechblase unten rechts

Wischgesten im Tabletmodus

Wenn Sie im Tabletmodus sind und eine App geöffnet haben (die dann im Vollbildmodus ausgeführt wird), gelten weitere Gesten.

▶ **Vom oberen Bildschirmrand aus nach unten wischen:** Ruft die versteckte Titelleiste der App auf. Hier steckt u. a. rechts das Kreuz zum Schließen der App und links die App-Einstellungen (die bei Windows 8 durch dieselbe Geste zu öffnen waren).

▶ **Einmal komplett von oben nach unten** über den Bildschirm wischen: Schließt die gerade aktive App.

Wischgesten auf dem Touchpad

Wenn Sie ein Gerät oder eine Tastatur mit einem Touchpad haben, sollten Sie nachschauen, ob dieses „multitouch-fähig" ist. Ist das der Fall, dann können Sie einige Dinge direkt darüber erreichen.

▶ **Mauszeiger bewegen:** Das kann jedes Touchpad. Wenn Sie mit dem Finger über das Pad fahren, bewegt sich der Mauszeiger auf dem Bildschirm entsprechend.

▶ **Anklicken von Elementen:** Meist müssen Sie nicht einmal die physische Maustaste drücken, es reicht, wenn Sie auf das Touchpad tippen.

▶ **Scrollen:** Legen Sie statt nur einem zwei Finger auf das Touchpad und bewegen Sie sie nach rechts oder links, oben oder unten: Der Inhalt des aktuellen Fensters wird entsprechend auf dem Bildschirm bewegt.

Zurück zu den Anfängen: Fenster auf- und zuschieben

Ob Sie nun Kacheln verwenden oder nicht: Sobald Sie im Desktopmodus arbeiten, kommen Ihnen die Elemente unter, die dem Betriebssystem Windows seit jeher den Namen geben: die Fenster. Der Begriff „Fenster" ist nicht von ungefähr gewählt. Windows hat schon immer großen Wert darauf gelegt, verschiedene Programme parallel nutzen und nebeneinander anordnen zu können. So fällt es leicht, im Internet eine Recherche durchzuführen, passende Textpassagen in die Zwischenablage zu kopieren und beispielsweise in einer E-Mail oder einem Word-Dokument weiterzuverwenden. Bei Windows 8 liefen die Apps dann aber merkwürdigerweise nur als Vollbild.

Unter Windows 10 besann man sich auf seinen Namensursprung, und so laufen nun auch die Apps aus der Kachelwelt in Fenstern, die Sie beliebig auf dem Bildschirm hin und her verschieben und deren Größe ändern können. Aber vielleicht haben Sie auch mit Windows 8 gestartet und kennen diese „brandneue" Funktion noch gar nicht.

Unterschied: Programm- und Dokumentenfenster

Wichtig zu wissen: jedes Programm, jede App läuft in einem Fenster. Es kann aber vorkommen, dass eine App weitere Fenster in sich beheimatet, etwa pro Dokument, wie das Tabellenkalkulationsprogramm Excel. Diese internen Fenster lassen sich ebenso behandeln wie normale Windows-Fenster, aber die Grenze Ihrer Freiheit ist nicht der Desktop, sondern das Fenster des Programms/der App.

Windows austricksen: Zwei Programmfenster in Excel

Einige Programme platzieren Dokumente automatisch als separate Fenster in ihrem eigenen Fenster. Je komplexer die Inhalte der Dokumente aber sind, desto schwieriger kann es sein, diese nebeneinander anzuordnen. Viele Anwender haben mittlerweile zwei Monitore, die parallel betrieben werden, das Vergrößern eines Fensters über Monitorgrenzen hinaus ist jedoch nicht sehr effektiv.

1 Statt das zweite Dokument im laufenden Excel-Fenster zu öffnen, starten Sie zuerst Excel erneut.

2 Dann bekommen Sie ein separates Fenster auf dem Desktop.

3 In diesem öffnen Sie dann das gewünschte Dokument! Über diesen kleinen Trick können sie mehrere Excel-Programmfenster öffnen, die dann frei auf dem oder den Desktops verschiebbar sind.

Minimieren, Wiederherstellen und Schließen eines Fensters

Die wichtigsten Bedienknöpfe eines Fensters finden Sie in der rechten oberen Ecke des Fensters:

▶ **Strich:** Das linke Symbol der kleinen Symbolleiste soll aussehen wie eine kleine Version der Taskleiste, und genau das ist der Sinn: Klicken Sie mit der Maus oder dem Finger darauf, wird das Fenster in die Taskleiste minimiert.

Das Minimieren eines Fensters lässt das Programm/die App weiterhin laufen, entfernt nur das Fenster temporär vom Desktop und legt es in der Taskleiste ab. Es bleibt aktiv, keine Änderungen gehen verloren. Um es wieder auf den Bildschirm zu bekommen, klicken Sie es einfach in der Taskleiste wieder an oder wechseln Sie über die Liste der laufenden Programme hinein.

▶ **Kreuz:** Wenn Sie ein Programm tatsächlich beenden wollen, dann klicken Sie auf das kleine, rot hervorgehobene Kreuz, das rechte der drei Symbole. Damit wird nicht nur das Fenster geschlossen, sondern auch alle Dokumente, die darin bearbeitet wurden. Keine Sorge: Wenn Sie Veränderungen noch nicht gespeichert haben, fragt das Programm Sie vor dem endgültigen Schließen vorsichtshalber, ob Sie die Daten speichern möchten. Die Antwort auf diese Frage will wohlüberlegt sein: Klicken Sie auf Nein, sind Ihre Daten tatsächlich im elektronischen Nirwana und im schlimmsten Falle Stunden an Arbeit für die sprichwörtliche Katz.

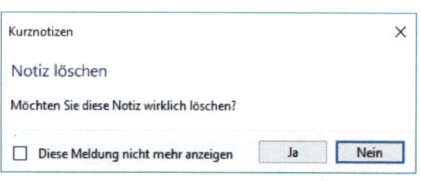

▶ **Kästchen:** Das mittlere der drei Symbole ist ein Chamäleon und wechselt je nach Zustand des Fensters sein Aussehen. Wenn Sie ein Fenster nur auf einem Teil des Bildschirms sichtbar haben, können Sie dieses maximieren, also auf die Größe des kompletten Bildschirms bringen. Selbstredend können Sie es dann nicht mehr bewegen, haben aber den maximalen Platz zur Verfügung. Diese Funktion nennt man „Maximieren".

Wenn Sie ein Fenster „wiederherstellen" möchten, also aus der maximierten Ansicht wieder in die ursprüngliche Fensterform transformieren möchten, klicken Sie wieder auf das mittlere Symbol. Sie werden bemerken, dass dies jetzt anders aussieht: Durch mehrere hintereinanderliegende Fenster symbolisiert es schon, dass aus einem bildschirmfüllenden Fenster wieder ein kleines, bewegbares gemacht werden soll.

Anordnen, Bewegen und Verändern der Größe von Fenstern

In den Fällen, wo Sie ein Fenster in der Fensterform vorliegen haben, können Sie es frei bewegen. Dazu platzieren Sie den Mauszeiger auf die freie Fläche links von den drei Symbolen (die sogenannte „Titelleiste", die unter anderem auch den Namen des Programms beziehungsweise der gerade offenen Datei enthält), drücken und halten die linke Maustaste und bewegen dann das Fenster mit der Maus an die gewünschte Position.

Wenn Sie Höhe und Breite des Fensters verändern wollen, können Sie das gleichzeitig tun. Bewegen Sie den Mauszeiger auf die untere, rechte Ecke des Fensters, bis er sich in einen diagonalen Pfeil mit Doppelspitze verwandelt. Durch Drücken der linken Maustaste und Bewegen der Maus ändern sich Höhe und Breite gleichzeitig.

So weit die seit den Anfängen von Windows bekannten Möglichkeiten. Oft werden Sie Situationen finden, in denen Sie mit zwei gleich großen Fenstern nebeneinander arbeiten wollen oder müssen, was mühevolles Verschieben notwendig machte. Windows 10 vereinfacht dieses, indem es Fenster auch automatisch anordnen kann. Bewegen Sie ein Fenster an den linken Rand des Desktops, und es wird genau hälftig links auf dem Bildschirm platziert. Das funktioniert natürlich mit dem rechten Rand des Bildschirms genauso – und sogar mit den vier Ecken für ein Viertel des Desktops füllende Fenster. Beispielsweise können Sie das eine Fenster an den linken, ein zweites an den rechten Rand des Fensters ziehen, und so zwei gleichberechtigt große Fenster neben-

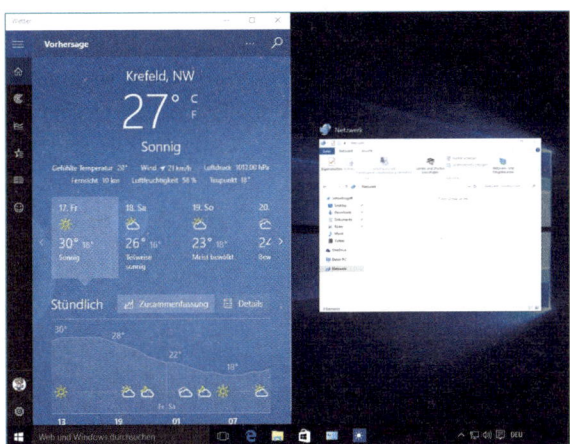

einander verwenden. Sobald ein halbes Fenster etwa links angeheftet wird, erscheint rechts eine Übersicht möglicher offener Programme, die auf Klick die rechte Hälfte einnehmen. Ein Klick auf freie Fläche lässt die Übersicht verschwinden.

Nun kann es vorkommen, dass beispielsweise das Fenster in der linken Bildschirmhälfte eigentlich über zwei Drittel des Bildschirms reichen müsste, damit sein Inhalt optimal angezeigt wird. Auch das ist kein Problem:

1 Um die Größe eines angehefteten Fensters zu ändern, bewegen Sie den Mauszeiger auf eine der Grenzlinien des Fensters – in diesem Fall der linke Rand in der Bildschirmmitte –, bis sich der Mauszeiger zu einem Pfeil mit einer Spitze an beiden Enden ändert.

2 Halten Sie die linke Maustaste gedrückt und bewegen Sie die Maus in die Richtung, in der die Grenze des Fensters vergrößert oder verkleinert werden soll.

3 Sobald die richtige Größe erreicht ist, lassen Sie die linke Maustaste los. Das klappt natürlich auch bei Viertel-Fenstern.

Eine Neuerung in Windows 10 ist, dass sich das zweite Fenster an das erste anpasst, auch wenn dieses nicht den halben Bildschirm einnimmt:

1 Bringen Sie das erste Fenster wie oben beschrieben in die für Sie passende Größe und Form – etwa zwei Drittel des Bildschirms.

2 Ziehen Sie nun das zweite Fenster einfach an den gegenüberliegenden Bildschirmrand.

3 Sobald Sie diesen mit dem Fenster erreicht haben, wird es automatisch so verkleinert (oder vergrößert), dass es den Rest des Bildschirms ausfüllt.

Diese Verteilung klappt auch bei Viertel-Fenstern in der Senkrechten. Letztlich können Sie so auf einem Bildschirm vier Fenster gleichzeitig geöffnet haben.

Dateien verschieben, ordnen und verwalten

Dateien sind das Salz in der Suppe Ihrer Arbeit mit Windows. Ob Sie nun einen Brief schreiben, Kochrezepte notieren, Ihre Finanzen tabellarisch verwalten, Bilder malen oder bearbeiten – neben dem Programm oder der App, die Sie dafür verwenden, ist das strukturierte Ablegen der Daten in Dateien auf der Festplatte oder einem anderen Datenträger das A und O.

Das Ablegen an sich wird immer über das Programm, in dem Sie arbeiten, selbst durchgeführt. Allerdings werden Sie schnell feststellen, dass Sie im Eifer der Gefechtes schnell mal eine Datei an einem falschen Ort ablegen, sich beim Benennen vertippen oder einfach eine Sicherheitskopie machen möchten.

Grundsätzliches zu Dateinamen

Das Benennen einer Datei ist eine relativ einfache Sache: Auch eine Datei hat quasi einen Vor- und einen Nachnamen. Der „Nachname" ist der Typ der Datei, die sogenannte „Dateierweiterung". Dieser wird nicht von Ihnen selbst bestimmt, sondern wird von dem Programm/der App vergeben, mit der Sie die Daten eingeben. Er dient der Zuordnung: Hat eine Datei beispielsweise die Erweiterung „.DOCX", weiß Windows, dass es sich um ein Word-Dokument handelt und kann für die Bearbeitung einer solchen Datei automatisch das richtige Programm öffnen. Standardmäßig ist die Dateiendung für den Nutzer sogar ausgeblendet: Wer kein Interesse an den Tiefen seines Betriebssystems hat, für den ist sie uninteressant.

Der für Sie interessante und wichtige Teil ist der Name, der durch einen Punkt getrennt vor der Dateierweiterung steht: Diesen können Sie selber vergeben. Achten Sie aber darauf, dass er sinnvoll ist: Der Name der Datei ist Ihr einziges Identifikationskriterium, wenn

Sie eine Datei suchen. Statt „Brief123" ist „Peter_Einladung_Geburtstag" deutlich sinnvoller. Im Beispiel wäre der komplette Name der Datei dann „Peter_Einladung_Geburtstag.docx"

Grundsätzliches zur Struktur

Das Arbeiten mit Dateien auf einem PC kann auf den ersten Blick schon ein wenig verwirrend sein. Die Strukturen sind weniger starr als bei Smartphones: Sie haben mehr Freiheiten, etwa was Speicherorte oder Ordnerstrukturen angeht. Es hilft immer, sich die einfache Analogie zu Hilfe zu nehmen: Auf Ihrem Desktop, Ihrem virtuellen Schreibtisch, liegen einzelne oder mehrere zusammenhängende Blätter Papier herum, die Sie mit Text, Bildern oder anderen Elementen füllen können: die Dateien. Alles, was auf einem Blatt Papier steht, gehört zusammen – und kann auch nur als ein zusammenhängendes Dokument bewegt, kopiert oder abgeheftet werden. Zusammengehörige Blätter (Rechnungen, Rezepte, Liebesbriefe) werden in einem Aktenordner abgeheftet. Das sind bei Windows die Ordner bzw. Verzeichnisse. Diese Aktenordner gehören sinnvollerweise an unterschiedliche Orte: die Rechnungen im

Info

Eine Frage des Designs: Symbole auf der Benutzeroberfläche sehen oft aus wie ihre reale Entsprechung. Neue Dateien sehen aus wie ein leeres Blatt, Ordner wie gelbe Aktenmappen, „Speichern" ist oft eine Diskette – obwohl in PCs seit Jahren kein Diskettenlaufwerk mehr verbaut ist. Dieser Designstil erleichtert Neulingen das Zurechtfinden. Da jedoch virtuelle Symbole und der Umgang mit ihnen immer selbstverständlicher werden, geht der Skeuomorphismus genannte Stil zurück. Stand etwa für „bitte warten" früher noch die Sanduhr, dreht sich heute nur noch ein blauer Kreis.

Arbeitszimmer, die Rezepte in der Küche, die Liebesbriefe in der Schreibtischschublade. Diese Orte werden auf dem PC abgebildet durch Laufwerke. Im Normalfall sind dies Festplatten, die eingebaut sind, externe Festplatten, USB-Sticks und andere Datenträger. Neuerdings kann man seine Daten aber auch online speichern. Die Analogie dazu? In der Wolke, englisch „Cloud".

Die Standardspeicherorte

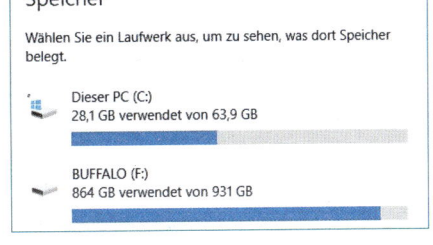

Im Normalfall haben Sie auf Ihrem PC nur eine Festplatte, manchmal ist diese aber in mehrere Laufwerke aufgeteilt. Vielleicht haben Sie aber zusätzlich eine externe Festplatte angeschlossen. Denn je nach der Größe der einzelnen Speicherorte macht es Sinn, die eine oder andere Art von Dateien (z. B. Videos oder Musik, weil diese recht groß sind) statt auf der Systemfestplatte auf einem anderen Laufwerk abzulegen. Um dies zu tun, wechseln Sie in die Einstellungen und klicken dann auf System. Unter Speicher finden Sie eine Übersicht aller Laufwerke, die im System verfügbar sind, und deren aktuellen Füllgrad.

Darunter können Sie nun für die Standard-Elemente (auch Dokumenttypen genannt) festlegen, auf welchem Laufwerk diese gespeichert werden sollen. Diese sind:

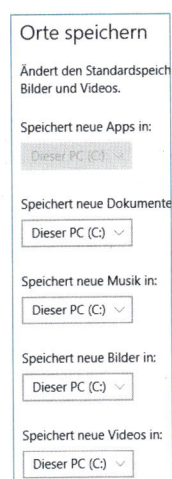

- ▶ **Dokumente**
- ▶ **Musik**
- ▶ **Bilder**
- ▶ **Eigene Aufnahmen**
- ▶ **Gespeicherte Bilder**
- ▶ **Videos**

Vorsicht ist geboten, wenn Sie vorhaben, externe Laufwerke zur Speicherung Ihrer Daten zu nutzen. Seien Sie sich bewusst, dass diese Laufwerke auch immer verfügbar sein sollten, wenn Sie mit dem PC arbeiten. Wenn Sie beispielsweise eine externe Festplatte als Standardspeicherort verwenden, diese aber im Moment des Abspeicherns nicht angeschlossen ist, fehlen Ihnen die dort gespeicherten Daten, und Windows wird neue Daten dann doch automatisch auf der internen Festplatte abspeichern ... in der Folge haben Sie Ihre Dateien dann nicht mehr an ein und demselben Ort liegen.

Das Explorer-Fenster

Der Windows Explorer ist das Kernprogramm, mit dem Sie die Dateien und Verzeichnisse unter Windows verwalten können. Rufen Sie es über Startmenü unter Explorer auf. Um Ihnen eine kleine Orientierungshilfe zu geben, werden hier die Bereiche aufgelistet, die sie im Explorer-Fenster finden und immer wieder benutzen werden:

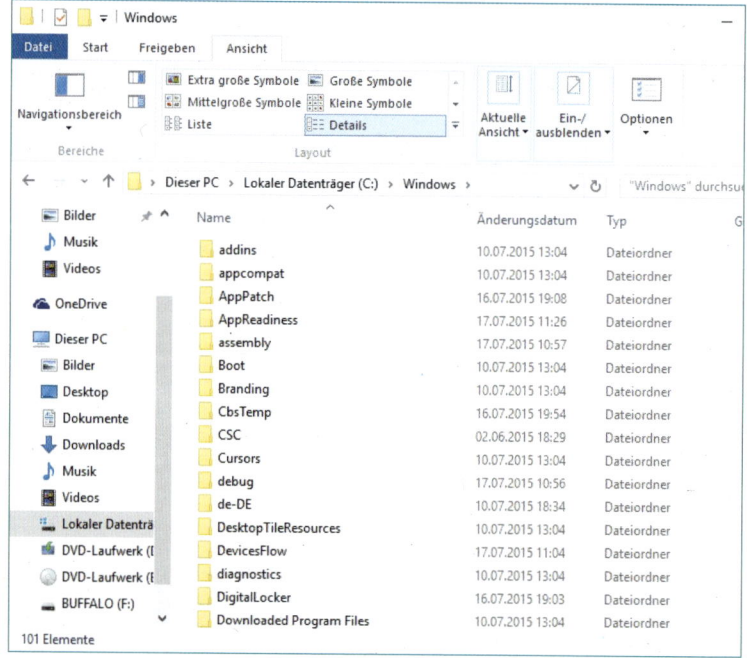

Menüleiste: Sie gruppiert die wichtigsten Befehle. Standardmäßig steht dort Datei, Start, Freigeben, Ansicht. Für die meisten Ihrer Tätigkeiten im Explorer sollte dort Start aktiviert sein, wenn nicht, (doppel)klicken oder tippen Sie einfach darauf.

Dateiliste: Im zentralen Bereich haben Sie eine Übersicht der Dateien und Verzeichnisse, die sich im aktuellen Ordner befinden. Welche Details Ihnen hier angezeigt werden, können Sie ganz einfach anpassen: Klicken Sie in der Menüleiste auf Ansicht und wählen Sie dann aus der sich öffnenden Symbolleiste die entsprechende Anzeigeart aus. Von einfachen Symbolen in verschiedenen Größen – besonders beim schnellen Suchen von Bildern interessant – bis hin zu allen Details wie Größe, Änderungsdatum und -uhrzeit einer Datei ist für jeden Geschmack etwas dabei.

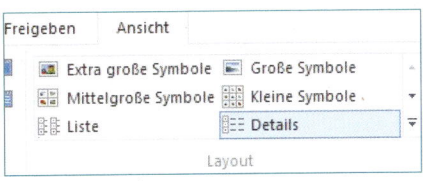

Ordnerliste: Am linken Bildschirmrand sehen Sie eine weitere Liste. Sie zeigt Ihnen eine Übersicht der Speicherorte, also Laufwerke und übergeordnete Ordner auf Ihrem PC. Wenn Sie eines der Laufwerke mit der Maus oder dem Finger anklicken, sehen Sie, dass sich daneben ein kleines Dreieck einblendet, das nach rechts zeigt. Dieses zeigt Ihnen an, dass sich darin weitere Verzeichnisse befinden.

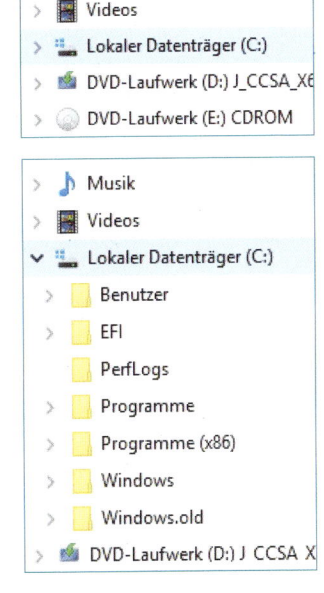

Klicken Sie auf dieses Dreieck, ändern Sie nicht das aktuelle Verzeichnis, sondern klappen es auf und lassen sich die darunterliegenden Verzeichnisse in der Ordnerliste anzeigen.

Wenn Sie stattdessen ein Laufwerk oder Verzeichnis direkt anklicken, erklären Sie es zum aktuellen Verzeichnis und bekommen dessen Inhalt in der Dateiliste angezeigt. Der Unterschied zwischen dem Aufklappen und Auswählen wird später noch wichtig, wenn Sie Dateien kopieren möchten.

Einrichten der Bibliotheken

Die Bibliotheken sind die Standardordner und -speicherorte für einzelne Dokumenttypen, die in ganz Windows bekannt sind – etwa Fotos, Filme, Musik und mehr. Eine App, die etwa Dokumente verarbeitet (wie Word oder Excel), wird beim Öffnen oder Speichern immer erst einmal das als Bibliotheksordner für Dokumente festgelegte Verzeichnis anbieten. Wollen Sie ein anderes Verzeichnis verwenden, müssen Sie dieses manuell festlegen.

Bleiben wir beim Beispiel der Blätter, Ordner und Orte von oben: Mit den Aktenordnern sortieren Sie unterschiedliche Dokumente thematisch und ordentlich. Wenn Sie aber beispielsweise eine

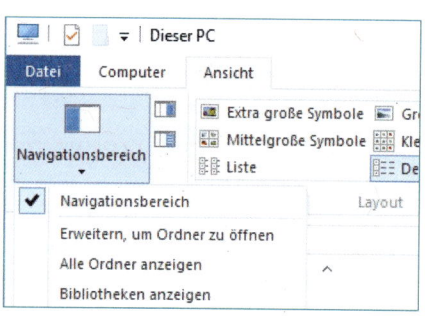

Rechnung suchen, von der Sie den Monat vergessen haben, würden Sie sicherlich gerne einfach einmal alle Ordner im Zugriff haben, die Rechnungen enthalten. Was bei den physischen Aktenschränken nicht so einfach geht, macht Windows möglich: Die Bibliotheken bilden eine Klammer pro Dokumenttyp und hinterlegen diesem alle Ordner, in dem sich Dateien dieses Typs befinden können.

1 Um im Explorer die Bibliotheken angezeigt zu bekommen, tippen Sie in der Menüleiste am oberen Rand des Explorer-Fensters auf Ansicht, dann auf Navigationsbereich und wählen dann Bibliotheken anzeigen.

2 Schon haben Sie in der Ordnerliste einen neuen Eintrag Bibliotheken. Um nun beispielsweise festzulegen, in welchen Ordnern Videos sein können, klicken Sie Videos an, dann klicken Sie in der Menüleiste auf

Verwalten und rechts oben auf Bibliothek verwalten.

3 Windows zeigt Ihnen im neuen Fenster die aktuell in der Bibliothek „Videos" zusammengefassten Speicherorte an. Wenn Sie beispielsweise auf Ihrer externen Festplatte eine Menge an Videos gespeichert haben und möchten, das die Video-App von Windows 10 diese ebenfalls findet, dann klicken Sie auf Hinzufügen.

4 Wählen Sie über die Ordnerliste und die Dateiliste des Explorers den entsprechenden Ordner auf Ihrer Festplatte durch Anklicken aus und schließen Sie diesen Vorgang durch Ordner aufnehmen ab.

5 Wenn Sie eine Datei speichern, dann muss Word wissen, welcher der Standardordner ist, in dem die Datei gespeichert werden soll. Nur dann kann die Bibliothek auch

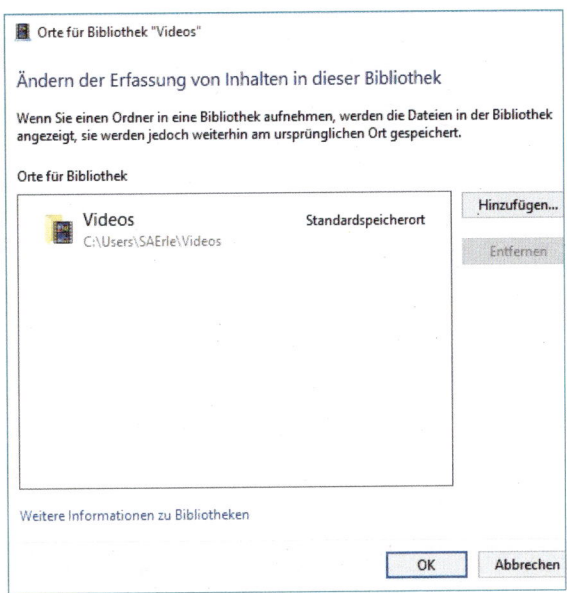

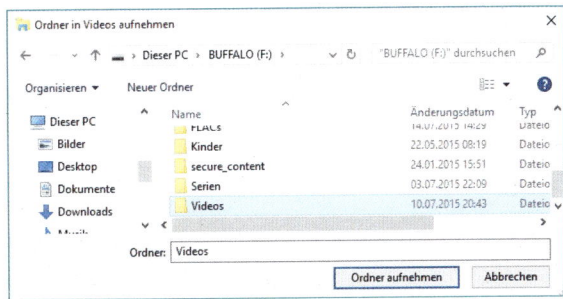

den Ordner und damit das Dokument in die Gesamtübersicht mit einbeziehen. Klicken Sie daher erneut auf Bibliothek verwalten. Legen Sie im geöffneten Fenster den Standardordner in der Übersicht der Bibliotheksordner fest, indem Sie mit der rechten Maustaste auf einen der Bibliotheksordner klicken und dann Als Standardspeicherort festlegen wählen.

Kopieren, Bewegen und Löschen von Dateien

Sie kennen die Herausforderung von Ihren Dokumenten zu Hause: Je länger Sie Ordnung halten, desto mehr Dokumente sammeln sich an. Die einen brauchen Sie nicht mehr und wollen sie wegwerfen, die anderen braucht neben Ihnen noch der Steuerberater und Sie müssen eine Kopie anlegen, und in einem Anfall von Verwirrung ist das eine oder andere Dokument nicht an der Stelle gelandet, wo es hingehört und muss umgeheftet werden. Es ist also wenig verwunderlich, dass dieselben Aufgabenstellungen Sie auf Ihrem Windows-PC erwarten werden.

Einige Grundkenntnisse im Umgang mit Dateien:

▶ **Drag and Drop:** Innerhalb eines Ordners oder zwischen Ordnern, auch zwischen zwei Explorerfenstern können Dateien verschoben bzw. kopiert werden. Klicken und halten Sie die Datei und lassen Sie sie erst am Zielort los. Achten Sie darauf, ob Sie eine Kopie erzeugt oder das Original verschoben haben.

▶ **Per Rahmen markieren:** Mehrere Dateien auf einmal markieren Sie, indem Sie im Explorer innerhalb eines Verzeichnisses oben links auf eine freie Fläche klicken, die Maus gedrückt halten und einen rechteckigen Rahmen um alle Dateien ziehen.

▶ **Einzelne Dateien markieren:** Wollen Sie bspw. nur Bild 17, 23 und 55 auswählen, klicken Sie das erste Bild einmal an. Halten Sie nun [Strg] gedrückt und klicken Sie nacheinander auf die anderen Bilder. Bei gedrückter [Strg]-Taste lässt sich das auch mit dem Rahmen kombinieren.

Erstellen einer Kopie oder Verschieben einer Datei

Stellen Sie sich folgende Situation vor: Sie haben ein wichtiges Dokument auf Ihrer internen Festplatte, dass Sie ganz dringend auf eine externe Festplatte kopieren wollen (was sich bei wichtigen Dokumenten als Datensicherung übrigens immer empfiehlt!).

1 Öffnen Sie wie gewohnt den Explorer. Wechseln Sie über die Ordnerliste in Ihre Dokumente und klicken den Ordner in der Ordnerliste an, in dem sich ihr wichtiges Dokument befindet.

2 Klicken Sie dieses einmal mit der linken Maustaste an, um es zu markieren. Sie sehen schnell, dass sich in der Symbolleiste darüber plötzlich viele Auswahlmöglichkeiten befinden, was Sie mit der markierten Datei machen können: Klicken Sie nun auf Kopieren nach. Nebenbei: Wichtig zu unterscheiden ist Verschieben nach. Dann wird keine Kopie der Datei angelegt, sondern diese aus ihrem aktuellen Speicherort an den neuen Speicherort verschoben. Das ist hilfreich, wenn Sie sie einfach falsch eingeordnet haben.

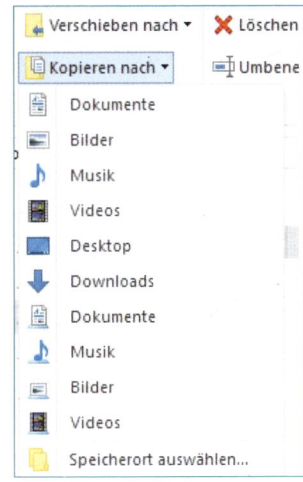

3 In der sich öffnenden Auswahlliste wählen Sie nun ganz unten Speicherort wählen. Wie von der Navigation in der Ordnerliste des Explorers gewohnt, können Sie hier den Zielordner im Verzeichnisbaum auswählen, anklicken und dann durch Kopieren eine Kopie auf der externen Festplatte ablegen lassen.

4 Nach dem Anlegen der Kopie haben Sie nun zwei identische Dateien: Eine in ihrem ursprünglichen Speicherort, die andere in dem Zielverzeichnis, das Sie ausgesucht habe. Beim Verschieben einer Datei wäre diese im Quellverzeichnis nicht mehr vorhanden, sondern nur noch im Zielverzeichnis. Beachten Sie, dass Sie immer nur in einer Datei Änderungen vornehmen, sonst kommen Sie schnell durcheinander, welche Version wo liegt.

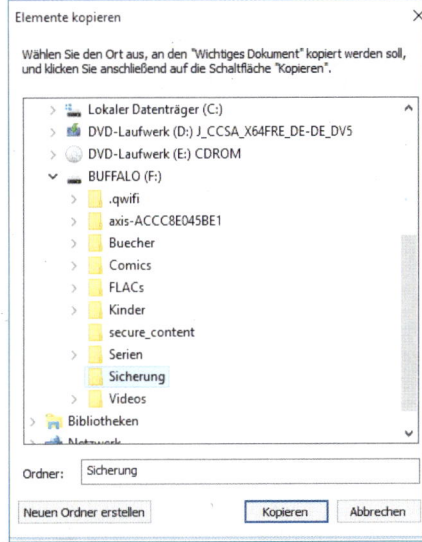

Anlegen eines neuen Ordners

1 Wenn Sie in diesem Prozess – oder auch ganz unabhängig davon – feststellen, dass Ihnen der passende Ordner fehlt, in den Sie eine Datei speichern, verschieben oder kopieren können, ist auch das kein Problem: Direkt im oberen Menüband befindet sich die Option Neuen Ordner erstellen. Dadurch wird im dann aktuell ausgewählten Verzeichnis ein neues, leeres Verzeichnis angelegt, dem Sie direkt einen möglichst sprechenden Namen geben können.

2 Wenn Sie dies anderswo machen möchten, navigieren Sie zu dem Verzeichnis, in das sie ein weiteres Verzeichnis einfügen wollen, und verfahren Sie wie oben.

3 Alternativ finden Sie auch oben rechts im Explorerfenster das

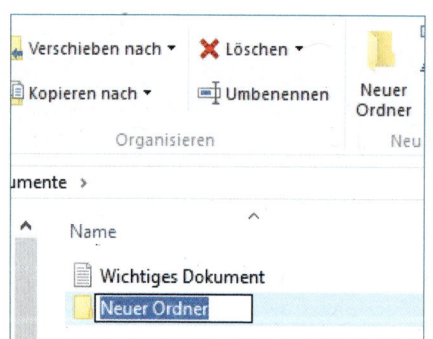

Symbol eines kleinen geöffneten Aktenordners. Fahren Sie mit der Maus darüber, erscheint die Aktion – Neuer Ordner – und auch das Tastenkürzel: [Strg] + N.

4 Tippen Sie abschließend über die Tastatur einen sprechenden Namen für den Ordner ein und drücken Sie zum Abschluss die Eingabetaste.

Löschen von Dateien und Ordnern

1 Wählen Sie wieder über die Datei- und die Ordnerliste des Explorers die entsprechende Datei oder den Ordner aus.

2 Klicken Sie in der Symbolleiste auf Löschen. Schon ist die Datei gelöscht, bei einem Ordner gar der Ordner selbst und alle Dateien, die sich darin befinden.

Wenn sich jetzt bei Ihnen Panik breitmacht, dass das Löschen von Daten tatsächlich so einfach ist und nicht einmal eine Bestätigung anfordert, dann seien Sie beruhigt. Gelöscht ist hier noch gar nichts, und auch eine Sicherheitsabfrage können Sie wieder einschalten, wie es bei älteren Windows-Versionen der Standard war. Das geht im Papierkorb selbst.

Der Papierkorb

An vielen Stellen versucht Windows, das „wahre Leben" außerhalb Ihres Computers zu imitieren, so auch beim Löschen von Dateien. Wenn Sie ein Dokument wegwerfen, ist dieses ja auch nicht direkt vernichtet, sondern befindet sich noch im Papierkorb, aus dem Sie es noch mal herausnehmen und wieder verwenden können. Einen solchen virtuellen Papierkorb hat auch Windows – nicht erst seit Version 10:

Das Symbol sieht aus wie – nun ja – ein Papierkorb und befindet sich standardmäßig ganz oben links auf dem Desktop. Befinden sich in dem Korb-Symbol zerknüllte Blätter, sind darin Dokumente, die wiederhergestellt werden können. Klicken Sie dazu doppelt auf das Symbol, sodass sich der Papierkorb öffnet.

Im Papierkorb finden Sie in der Symbolleiste ein Symbol Eigenschaften von Papierkorb. Wenn Sie dieses anklicken, können Sie zwei wichtige Einstellungen vornehmen:

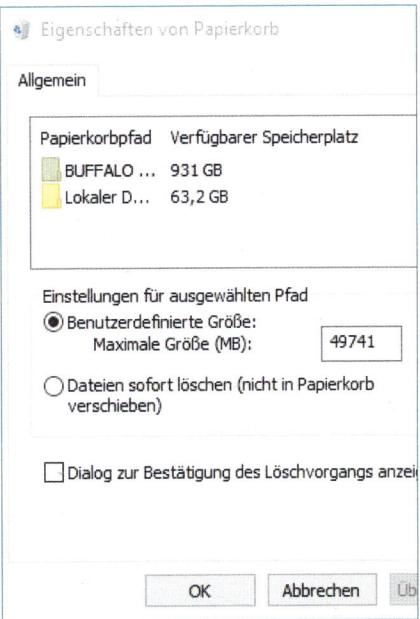

▶ **Dateien sofort löschen:** Das umgeht den Papierkorb und die damit verbundenen Schritte: Dateien werden, wenn Sie diese Option aktivieren, sofort wirklich gelöscht und nicht erst im Papierkorb zwischengeparkt. So hätten Sie sofort den Speicher freigegeben und müssen sich zusätzlich nicht sorgen, dass jemand anders eine gelöschte Datei wiederherstellen kann. Wenn Sie aber eine Datei versehentlich gelöscht haben, dann ist diese auch wirklich gelöscht, ohne Netz und doppelten Boden.

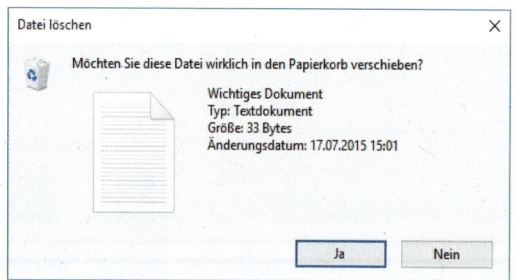

▶ **Dialog zur Bestätigung** des Löschvorgangs anzeigen: Ist dies aktiviert, erhalten Sie wieder bei jedem Löschvorgang die von älteren Windows-Versionen gewohnte Sicherheitsabfrage, ob Sie eine Datei oder ein Verzeichnis wirklich löschen wollen.

Wiederherstellen von Dateien aus dem Papierkorb

1 Öffnen Sie den Papierkorb. Wenn er leer ist, erstellen Sie irgendwo eine leere Datei und löschen diese zu Testzwecken. Die Dateien und Ordner im Papierkorb haben Sie also bereits einmal gelöscht. Noch sind sie aber wiederherstellbar.

2 Um ein oder mehrere Dokumente aus dem Papierkorb zu nehmen und automatisch wieder in den Ordner zu stellen, aus dem sie gelöscht wurden, markieren Sie diese und klicken Sie im Menüband auf Ausgewählte Elemente wiederherstellen.

3 Wenn Sie gar alles, was sich im Papierkorb befindet, wiederherstellen möchten, dann klicken Sie stattdessen unumwunden auf Alle Elemente wiederherstellen.

Leeren des Papierkorbs

1 Um den Inhalt des Papierkorbs endgültig zu löschen, können Sie auf Papierkorb leeren klicken.

2 Diese Entscheidung sollten Sie bewusst treffen: Ab der Ausführung sind Ihre gelöschten Dateien nicht mehr mit Bordmitteln wiederherzustellen. Selbst mit Zusatzprogrammen ist nicht garantiert, dass dies möglich ist.

3 Auf der anderen Seite: Nur durch das Leeren des Papierkorbes wird der Platz, den diese Dateien auf der Festplatte Ihres Rechners blockiert haben, auch tatsächlich freigegeben.

Einrichten von OneDrive

Microsoft OneDrive ist ein Cloud-Speicher. Er speichert Ihre Daten nicht lokal auf dem Rechner, sondern irgendwo auf einem Server. Der Vorteil: Sie haben jede Menge Speicherplatz und können auf Ihre Dateien jederzeit – und vor allem auch von unterwegs aus – zugreifen. Der Nachteil: Das vielleicht merkwürdige Gefühl, dass die Daten nicht mehr „sicher" bei Ihnen auf der heimischen Festplatte liegen. Entscheiden Sie selbst.

Keine Sorge: OneDrive ist kein Zwang. Sie können auch weiterhin Ihre Dateien auf der lokalen Festplatte Ihres PCs behalten. Nichtsdestotrotz bietet es sich an, den zu Ihrem Microsoft-Konto gehörenden Online-Speicher OneDrive einzurichten, denn dieser hat eine Vielzahl von Funktionen über einen reinen Cloud-Speicher hinaus.

Synchronisieren der Einstellungen

Eine der wichtigsten Funktionen von OneDrive kommt zum Tragen, wenn Sie zwischen verschiedenen Geräten wechseln, auf denen jeweils Windows 10 läuft: Der Desktop-PC zu Hause, das Tablet auf der Couch, das Notebook unterwegs und das Phone zu jeder Zeit. Warum sollten Sie jedes neu einrichten und jede Änderung wieder auf jedem dieser Geräte neu vornehmen? OneDrive dient unter anderem als zentraler Speicher für die Einstellungen: Änderungen werden dorthin gesichert und auf Wunsch bedient sich jedes Gerät, das ebenfalls mit Ihrem Microsoft Account gekoppelt ist, dieser Quelle. Auf Deutsch: Sie führen eine Änderung auf einem Gerät durch, und all Ihre anderen Geräte merken dies in kurzer Zeit von selbst und ziehen nach.

Synchronisieren der Einstellungen verwalten

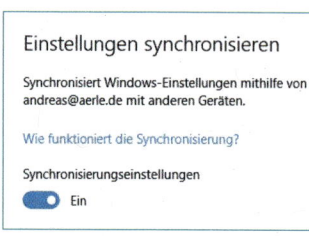

Einstellungen synchronisieren

Synchronisiert Windows-Einstellungen mithilfe von andreas@aerle.de mit anderen Geräten.

Wie funktioniert die Synchronisierung?

Synchronisierungseinstellungen
Ein

1 Wechseln sie über das Startmenü in die Einstellungen.

2 Klicken Sie auf Konten und dann in dem kleinen Menü auf der rechten Seite auf Einstellungen synchronisieren. Wenn Sie die Synchronisation komplett ausschalten möchten, beispielsweise, weil Sie keine oder möglichst wenige Daten in der Cloud ablegen möchten, können Sie des unter Synchronisationseinstellungen ausschalten.

3 Ist die Synchronisation eingeschaltet, können Sie ganz fein durch Ein- und Ausschalten einzelner Bereiche festlegen, welche Einstellungen übertragen werden sollen.

4 Design überträgt Ihre aktuelle Auswahl an Hintergrundbild, Farben der Kacheln und Elemente und weitere optische Einstellungen auf die anderen Geräte. Das Ausschalten dieser Einstellung kann wichtig werden, wenn Sie beispielsweise Geräte mit unterschiedlich farbigen Gehäusen haben und die Kachelfarbe individuell darauf anpassen möchten.

5 Die Webbrowsereinstellungen werden Sie im Normalfall synchronisieren wollen, denn Ihre Webseiten-Favoriten und der Browserverlauf (also die zuletzt aufgerufenen Webseiten) werden

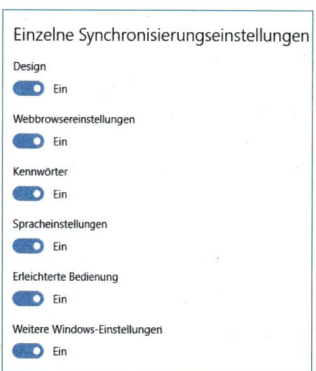

Einzelne Synchronisierungseinstellungen

Design
Ein

Webbrowsereinstellungen
Ein

Kennwörter
Ein

Spracheinstellungen
Ein

Erleichterte Bedienung
Ein

Weitere Windows-Einstellungen
Ein

Sie auf jedem Gerät benötigen. Das Ausschalten kann dagegen sinnvoll sein, wenn Sie in Ihrem Rechnerverbund einen Rechner haben, der zwar mit Ihrem Konto eingerichtet ist, aber auch von anderen Personen genutzt wird und Sie nicht möchten, dass diese sehen, welche Seiten Sie aufgerufen haben.

6 Dieser Vorbehalt gilt auch bei der nächsten Einstellung, der Synchronisation der Kennwörter. An vielen Stellen im System können Sie festlegen, dass Ihr Kennwort – wenn Sie es einmal eingegeben haben – gespeichert bleibt, sodass Sie es nicht erneut eingeben müssen. Das nimmt Arbeit ab, ist aber ein potentielles Risiko bei gemeinsam genutzten Rechnern. Keine Sorge müssen Sie haben, dass Ihre Kennwörter im OneDrive abgegriffen werden können: Diese werden verschlüsselt gespeichert, sodass nur Sie mit Ihrem Microsoft Account damit etwas anfangen können.

7 Die Spracheinstellungen, die Einstellungen für die erleichterte Bedienung und die weiteren Windows-Einstellungen sind ein buntes Sammelsurium, das ruhig synchronisiert werden kann.

Synchronisation von Dateien

Windows 10 lebt (wie schon Windows 8) stark davon, dass Sie nahezu nahtlos zwischen Ihren Geräten wechseln können und alle wichtigen Daten immer zugänglich haben. Damit dies der Fall ist, können Dateien mit dem Online-Speicher OneDrive synchronisiert werden. Dieser dient dann quasi als zentrale Online-Festplatte und Speicher für alle Geräte.

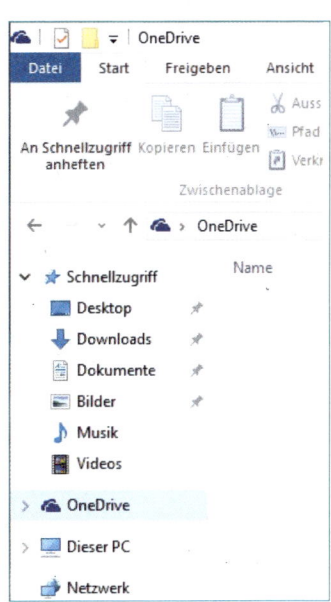

Datensynchronisation einschalten

1 Starten Sie den Windows Explorer, indem Sie ihn über die Appliste heraussuchen und antippen oder anklicken. Oder verwenden Sie als Tastenkombination [Windows-Taste] + E.

2 In der Liste links klicken Sie auf OneDrive.

3 OneDrive begrüßt Sie beim ersten Start mit einem Konfigurationsbildschirm, in dem Sie einfach auf Starten klicken.

4 Als Erstes müssen Sie sich nun erneut mit Ihrem Microsoft-Konto anmelden. Dies dient zum einen der Sicherheit, zum anderen gibt es Ihnen die Möglichkeit, für den PC das eine Konto zu verwenden, trotzdem aber auf das OneDrive eines anderen Kontos zuzugreifen und dessen Dateien zu verwenden.

Ihr OneDrive-Ordner befindet sich hier: C:\Users\SAErle\OneDrive Ändern

Weiter

Ihre OneDrive-Dateien mit diesem PC synchronisieren

Die Dateien, die Sie synchronisieren, beanspruchen Speicherplatz auf diesem PC.

☑ Alle Dateien und Ordner auf OneDrive synchronisieren

Nur diese Ordner synchronisieren
☐ Dateien außerhalb von Ordnern
☑ AppStore (0,4 KB)
☑ Artikel (14,7 KB)
☑ Bilder (122,2 MB)
☑ DieErles (363,3 KB)
☑ DisneyGames (0,1 KB)
☑ Dokumente (17,0 MB)
☑ Familie (0,0 KB)
☑ Favoriten (0,0 KB)
☑ FirmaKuhn (250,2 KB)

Ausgewählt: 17,0 GB
Verbleibender Speicherplatz auf C: 22,7 GB

5 Nach der Anmeldung zeigt Ihnen Windows den standardmäßig eingerichteten Ordner von OneDrive an. Wenn Sie diesen ändern möchten, klicken Sie auf Ändern und wählen den gewünschten Ordner aus. Im Normalfall ist aber der Standardordner ausgewählt, der unter Ihrem Benutzerprofil liegt. Auch bei Rechnern, die von mehreren Anwendern mit eigener Anmeldung verwendet werden, ist dieser nur für Sie zugreifbar.

6 Nun können Sie auswählen, welche Ordner von Ihrem OneDrive auf Ihren PC synchronisiert werden sollen. Diese Einstellung ist von zwei Faktoren abhängig: Zum einen sicherlich vom Speicherplatz, der auf Ihrem PC noch frei ist: Je mehr Dateien sie vom OneDrive auf Ihre Festplatte synchronisieren (und damit auch physisch dort als Kopie speichern), desto mehr echter Speicherplatz wird dort auch belegt. Der Vorteil aber: Synchronisierte Dateien haben Sie auch zur Verfügung, wenn Sie keinerlei Internetverbindung haben. Zum anderen werden Sie sicherlich nicht alle Dateien immer verfügbar haben wollen.

7 Legen Sie nun nach diesem Prinzip durch Setzen oder Entfernen von Haken neben einem jeden Ordner fest, ob dieser mit OneDrive synchronisiert werden soll oder nicht. Im unteren Teil des Fensters könne Sie sehen, wie viel Platz ihre aktuelle Auswahl auf der Festplatte einnehmen würde und wie viel Platz aktuell noch auf der Festplatte zur Verfügung steht.

8 Nachdem Sie mit Ihrer Auswahl zufrieden sind, klicken oder tippen Sie auf Weiter.

9 Die letzte Einstellung, die Sie noch vornehmen können, ist ein wenig darauf ausgelegt, Ihrer potenziellen Vergesslichkeit entgegenzuwirken: Wenn Sie Dateien Ihres PCs nicht auf das OneDrive hochgeladen haben, sind diese natürlich auch auf anderen Rechnern nicht verfügbar. Um dies zu verhindern, können Sie OneDrive ermächtigen, auf Dateien Ihres PCs eigenmächtig zuzugreifen und diese über Ihr OneDrive verfügbar zu machen. Wenn Sie dies nicht möchten, dann entfernen Sie einfach den Haken.

10 Nachdem Sie die Synchronisation mit OneDrive eingerichtet haben, läuft Ihr Rechner heiß, die Synchronisation auszuführen. Klicken Sie auf das kleine OneDrive-Symbol unten rechts auf dem Bildschirm, um jederzeit einen aktuellen Statusbericht zu bekommen und zu sehen, ob alle Dateien bereits synchronisiert sind oder ob OneDrive noch arbeitet.

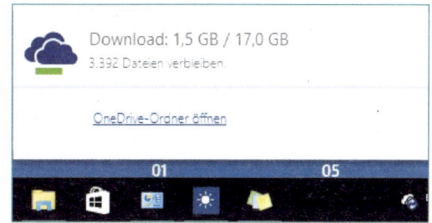

Geplante Funktionalität: Phantomdateien von OneDrive

Folgende Funktionalität existierte unter Windows 8.1 und der Testphase von Windows 10, schaffte es aber nicht in die finale Windowsversion. Über spätere Updates wird sie ggf. wieder integriert. Für diesen Fall: Selbst wenn Sie die Synchronisation von Dateien im OneDrive so eingeschränkt haben, dass alle Verzeichnisse abgewählt sind, sehen Sie trotzdem alle Dateien und Ordner, wenn Sie im Explorer auf OneDrive wechseln: Windows möchte sicherstellen, dass Sie den Inhalt des OneDrive auch ohne Internetverbindung sehen können. Wenn Sie eine Datei öffnen, wird diese – so eine Internetverbindung besteht – heruntergeladen und geöffnet.

Vorsicht: Ein Fehler, der hier für eine Menge Arbeit oder gar großen Ärger und Aufregung sorgen kann, ist das Löschen dieser Platzhalterdateien. Sie wollten vielleicht nur auf Ihrer Festplatte aufräumen – bei der nächsten Synchronisation werden die „echten" Dateien dann allerdings auch vom OneDrive gelöscht!

Neue Geräte hinzufügen

In grauer Vorzeit war es eines der letzten großen Abenteuer der Menschheit, einem PC neue Hardware hinzuzufügen: Schraubenzieher, antistatische Handschuhe und eine gehörige Portion Mut gehörten dazu, denn die meisten neuen Hardware-Elemente mussten tatsächlich physisch eingebaut und dann durch manuell zu installierende Programme dem System bekannt gemacht werden. Spätestens mit der Einführung des Universal Serial Bus, besser bekannt unter der Abkürzung „USB", sowie von Bluetooth ist das um einiges einfacher geworden.

Anschluss eines neuen Gerätes per USB

Ob sie nun einen lokalen Drucker, eine Tastatur, eine Maus, einen Scanner oder eine externe Festplatte an Ihren PC anschließen möchten – all das lässt sich durch das simple Einstecken eines Steckers in einen der USB-Anschlüsse Ihres Rechners realisieren. Zur Vorsicht lesen Sie sich die dem neuen Gerät beiliegende Anleitung durch: Einige wenige Geräte erfordern erst die Installation eines

Programms. Im Normalfall aber erkennt Ihr Rechner das neue Gerät automatisch und lädt die benötigte Gerätesoftware, auch „Treiber" genannt, aus dem Internet herunter, ohne dass Sie etwas dazu beitragen müssen. Diesen Vorgang können Sie verfolgen, da Windows eine kleine Meldung unten rechts in der Statusleiste anzeigt. Klicken oder tippen Sie diese an, dann bekommen

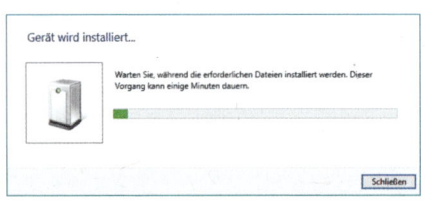

men Sie einen Fortschrittsbalken dargestellt. Ist dieser bis zum Ende gelaufen, ist die Installation abgeschlossen. Spätestens nach einem Neustart Ihres Rechners können Sie die neue Hardware benutzen.

Verwenden eines Netzwerkdruckers

Das oben beschriebene Verfahren gilt unter anderem auch für Drucker, wenn sie mit einem Kabel angeschlossen sind. Der Trend geht aber zu mehr Mobilität – und so werden mehr und mehr Drucker eingesetzt, die irgendwo im Haus stehen, mit dem Netzwerk verbunden sind und so von jedem Rechner, der sich im selben Netzwerk befindet, verwendet werden können. Da haben Sie dann natürlich keinen Stecker, der die Treiberinstallation initiiert. Auch das ist aber natürlich kein Hinderungsgrund: Nicht nur Drucker, auch andere Netzwerkgeräte können ganz einfach hinzugefügt werden:

1 Wechseln Sie in den Einstellungen zu Geräte.

2 Wenn Sie auf das Pluszeichen neben Drucker und Scanner hinzufügen klicken, sucht Windows 10 nach Geräten, die über das Netzwerk erreichbar sind.

3 Klicken Sie das gewünschte Gerät in der Liste der gefundenen Netzwerkgeräte an. Nun wird der Treiber installiert.

4 Nach Abschluss dieses Vorgangs können Sie es nutzen.

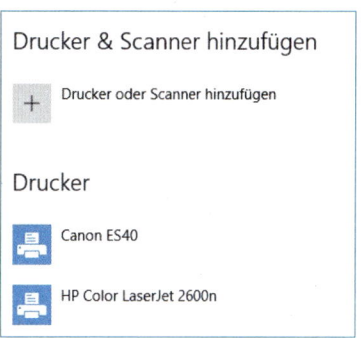

Info

Druckertreiber: Einige Druckermodelle kommen noch nicht ganz mit Windows 10 klar. Sie funktionieren nicht, obwohl sie vor dem Update einwandfrei mit dem Rechner kommunizieren konnten. Zum Teil hilft es, wenn Sie den „alten" Druckertreiber von Windows 8 manuell selbst installieren. Das fünfte Video-Tutorial zeigt, wie es geht: Windows 10 erkennt den Drucker nicht? So klappt's mit dem alten Treiber: www.test.de/windows10-special.

Hinzufügen von Bluetooth-Geräten

Bei einem Tablet oder Notebook ist die Verwendung mobiler Zubehörgeräte die Regel, denn bei diesen sind weder Kabel noch ein Netzwerkanschluss praktikabel. Dafür gibt es den Kurzstreckenfunk „Bluetooth" (benannt nach dem mittelalterlichen König Blauzahn). Der Dienst genügt einer weltweit einheitlichen Norm und erlaubt somit ebenfalls eine einfache Verbindung Ihres Rechners mit Zubehör wie Maus, Tastatur, Headset, Lautsprechern etc.

1 Wechseln Sie in die Einstellungen von Windows 10 und dort erneut auf Geräte.

2 In der Liste der verfügbaren Optionen tippen Sie auf Bluetooth.

3 Sollte es noch nicht geschehen sein, schalten Sie Bluetooth über den kleinen Schalter ein. Ihr PC sucht nun automatisch nach Bluetooth-Geräten im Umfeld, die zu einer Verbindungsaufnahme bereit sind.

4 Sobald das gewünschte Gerät in der Liste auftaucht, können Sie es anklicken und damit die Verbindung aufbauen.

Manche Geräte erfordern die Eingabe einer Persönlichen Identifikationsnummer (PIN), damit sichergestellt ist, dass die beiden Geräte tatsächlich miteinander kommunizieren dürfen. Wenn Sie zwei Rechner, Tablets oder Smartphones miteinander koppeln, oder allgemein beide Geräte einen Bildschirm haben, bekommen Sie meist auf den beiden Geräten dieselbe, identische, zufällige PIN angezeigt und müssen sie nur noch bestätigen.

Bluetooth-Geräte verwalten

Bluetooth
Aus

Verwandte Einstellungen

Weitere Bluetooth-Optionen

Bluetooth-Geräte verwalten

Bluetooth
Ein

Ihr PC sucht nach Bluetooth-Geräten und ist für sie sichtbar.

Surface Pen
Gekoppelt

Andreass iMac
Koppelungsbereit

Lukas Erles iMac
Koppelungsbereit

Andreass iMac
Koppelungsbereit

Koppeln

Wenn Sie ein Gerät ohne eigenen Bildschirm mit Ihrem Rechner koppeln, müssen Sie gegebenenfalls eine vorgegebene PIN eingeben. Diese finden Sie meist im Handbuch des zu koppelnden Geräts. Handelt es sich um eine Standard-PIN, ist es oft 0000 (viermal die Null) oder 1234.

Einmal gekoppelt, kennen sich die beiden Geräte dauerhaft. Auch wenn Sie eines oder beide ausschalten, die Reichweite verlassen oder die Bluetooth-Funktion zwischendurch ausschalten, verbinden sie sich automatisch erneut, sobald sie sich „sehen".

Bluetooth: Sicherheit und Erkennbarkeit

Damit Sie mit Ihrem PC ein anderes Gerät per Bluetooth verbinden können, muss dieses Gerät erst einmal dazu bereit sein. Der Hintergrund ist einfach: Mittlerweile haben fast alle mobilen Geräte Bluetooth integriert, und damit wird die Liste bei der Suche nach Geräten schier unendlich lang. Zusätzlich ist es auch ein Sicherheits-Thema: Wenn Ihr Gerät nicht sichtbar ist, kann es auch niemand anderes sehen und versuchen, sich damit zu verbinden. Stellen Sie bei jedem Kopplungsversuch über Bluetooth sicher, dass das zu koppelnde Gerät „erkennbar" oder „sichtbar" ist. Dies funktioniert meistens darüber, dass sie eine bestimmte Taste länger gedrückt halten müssen oder einen Schalter einschalten: Details dazu finden Sie jeweils im Handbuch des Gerätes.

In einigen Fällen behindert ein eingeschaltetes Bluetooth die Verbindungsqualität Ihres WLANs. Die beiden Dienste nutzen dann dasselbe Frequenzband. Schauen Sie ggf. im Handbuch Ihres Routers nach, ob Sie diesen auf 5 Ghz umstellen können.

Online unterwegs

Die meisten Funktionen eines Windows-PCs sind darauf ausgelegt, dass Sie aktuelle Informationen von Ihren E-Mail-Konten, dem Wetterdienst, sozialen Netzwerken und anderen Quellen empfangen und auf dem Gerät immer aktuell darstellen können. Wenn Sie sich stattdessen mit dem neuen Internetbrowser Edge selbst in die Weiten des Internets begeben, eröffnet der Ihnen ganz neue Möglichkeiten.

Die verschiedenen Verbindungsmethoden

Mit einem stationären PC sind Sie grundsätzlich in der Wahl der Internetverbindung recht eingeschränkt, mit einem Tablet haben Sie etwas mehr Freiheit, vor allem dann, wenn Sie ein Smartphone zur Verfügung haben, das eine mobile Internetverbindung hat und sie an das Tablet freigeben kann.

Nutzen des Internets zu Hause per WLAN

Die günstigere Variante zum Surfen im Internet ist die Nutzung eines privaten kabellosen Internetzugangs, kurz WLAN (wireless local area network). Wenn Sie zu Hause ein eigenes eingerichtet haben, dann können Sie dieses sofort nutzen: Gehen Sie über das Startmenü in die Einstellungen und klicken Sie dort auf Netzwerk und Internet, um die Einstellungen für die Online-Verbindung zu öffnen. Unter WLAN finden Sie einen Überblick über die empfangenen WLANs und deren Signalstärken.

Der Schalter über der Liste der empfangenen WLANs dient dazu, den WLAN-Sender ein- bzw. auszuschalten. Im Standard sollte dieser eingeschaltet sein, ansonsten bekommen Sie weder die WLAN-Netze der Umgegend angezeigt noch können Sie sich damit verbinden. Schalten Sie bei Bedarf über den Schalter WLAN-Netzwerke das WLAN-Modul Ihres Gerätes ein – oder aus. Im Normalfall kann es immer eingeschaltet bleiben, denn der Stromverbrauch ist in erster Linie nicht abhängig vom eingeschalteten Modul, sondern von der

übertragenen Datenmenge. Ist das Modul eingeschaltet, ohne dass Daten darüber übertragen werden, macht das dem Akku so gut wie nichts aus. Bei einem stationären PC mit Stromversorgung ist das sowieso kein Problem.

1 Wenn Sie sich mit einem WLAN verbinden möchten, klicken Sie dieses mit der Maus an.

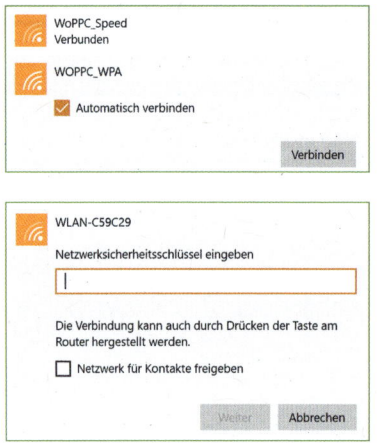

2 Sie können nun festlegen, ob das Netz ein für Sie bevorzugtes sein soll, indem Sie den Haken bei Automatisch verbinden setzen. Immer, wenn genau dieses Netz beim Einschalten des WLAN-Moduls oder des Rechners verfügbar ist, verbindet Windows 10 sich automatisch damit.

3 Die meisten WLANs sind sinnvollerweise mit einem Kennwort gesichert, dem „Netzwerksicherheitsschlüssel". Dieser soll dazu dienen, Unbefugten den Zugang zum WLAN zu verwehren. Das bedeutet natürlich, dass Sie den Schlüssel kennen müssen, um sich mit dem Netzwerk zu verbinden. Bei Ihrem eigenen WLAN werden Sie ihn kennen, weil Sie ihn selber eingegeben oder verändert haben. Bei einem fremden WLAN, beispielsweise in einem Hotel oder bei Freunden, fragen Sie einfach nach. Übrigens: Im Ausland wird WLAN als „WiFi" bezeichnet. Es ist das Gleiche.

4 Wenn Sie auf Verbinden klicken, müssen Sie eben jenes Kennwort über die Tastatur eingeben und dann auf Weiter klicken.

5 Windows versucht nun die Verbindung aufzubauen und fragt Sie, ob Sie dem Netzwerk vertrauen – was Sie bei Ihrem eigenen oder dem eines Bekannte tun können – sowie, ob Sie sich an einem öffentlichen Ort befinden, an dem das Vertrauen eher nicht so stark ist. Windows selbst passt die Sicherheitseinstellungen entsprechend an. Vorsicht: Bei einem nicht verschlüsselten, frei zugänglichen Netzwerk an öffentlichen Orten, beispielsweise einem Flughafen oder Bahnhof, sollten Sie vorsichtig sein: Die Daten (zum

Beispiel Zugangsdaten zu Webseiten, persönliche Informationen) können dort leicht abgefangen werden!

6 Wenn Sie einmal in einem WLAN sind, haben Sie am unteren Bildschirmrand eine kleine Signalstärkeanzeige: ein Punkt, von dem drei Wellen nach links oben ausgehen. Klicken oder tippen Sie diese an, um das WLAN zu wechseln oder es durch Anklicken der kleinen Box mit seinem Namen unten links in der Liste zu verlassen.

Tethering und Hotspot: Die mobile Internetverbindung teilen

Wenn Sie ein (Windows-)Tablet haben, ist in diesem oft kein Telefonmodul integriert, mit dem Sie unterwegs online gehen können. Sicher, es gibt öffentliche WLANs etwa in Cafés, aber Sie können auch einfach Ihr Smartphone als mobilen Zugangspunkt aktivieren. Alle großen Smartphone-Systeme bieten diese Möglichkeit.

► **Unter Android** finden Sie die Einstellung unter Einstellungen, Mobile Hotspot und Tethering.

► **Unter iOS** versteckt sich diese Funktionalität unter Einstellungen, Persönlicher Hotspot.

► **Und auch im Microsoft**-eigenen Windows Phone beziehungsweise Windows 10 Mobile darf sie nicht fehlen: Unter Einstellungen, Netzwerk und Drahtlos, Mobiler Hotspot können Sie Ihr mobiles Windows-Gerät als Internetzugang einrichten.

Für Ihr Windows-10-Gerät ist es nun einfach: Es findet ein weiteres WLAN in der Umgegend, mit dem Sie sich wie gewohnt verbinden. Zum Teil fragt Ihr Smartphone, ob Sie dem Gerät vertrauen, das sich da verbinden will – was Sie natürlich tun. Vorsicht allerdings: Sie haben normalerweise nur ein begrenztes Datenvolumen in Ihrem Smartphone-Tarif. Das wird natürlich auch dann aufgebracht, wenn Sie die Internetverbindung auf Ihrem Tablet statt Ihrem Smartphone nutzen.

Microsoft Edge: Der Browser

Lange Zeit war der Internet Explorer in Windows das Standard-Programm für den Zugang ins Internet. Mit Windows 10 wurde „Microsoft Edge" entwickelt, ein neuer, schnellerer und sichererer Browser. Edge ist auf jedem Windows-10-System vorinstalliert und wird im Standard für das Öffnen von Webseiten verwendet.

Voraussetzung für das Surfen im Internet mit Windows 10 ist natürlich, dass Sie wie bereits beschrieben eine Datenverbindung verfügbar haben. Wenn dies der Fall ist, starten Sie den Browser aus der Programmliste oder dem Kachelbildschirm durch ein Tippen auf Microsoft Edge.

Falls Sie statt Edge einen anderen Standardbrowser wie Mozilla Firefox oder Google Chrome nutzen wollen, gehen Sie über das Startmenü zum Eintrag System und klicken Sie auf Standard-Apps. Hier legen Sie diese Standard-Apps fest – zum Surfen und bei Bedarf auch für Dateien wie Musik, Fotos, Videos usw.

Ein Blick auf den neuen Browser Edge lohnt aber, da er mit neuen Gestaltungsmöglichkeiten daherkommt, die so bisher kein anderer Browser zu bieten hat.

Aufrufen von Webseiten

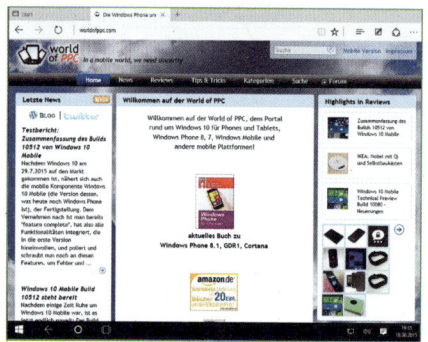

Das Aufrufen von Webseiten ist einfach: In einem leeren Browserfenster, wie es beim Start von Edge angezeigt wird, klicken Sie in das Suchfeld neben der Lupe und geben entweder einen Suchbegriff ein (der dann mit Microsofts eigener Suchmaschine bing gesucht wird) oder tippen die Adresse der gewünschten Webseite ein.

Im sich aufklappenden Feld schlägt Ihnen Edge schon während des Tippens passende

Webseiten vor. Wenn eine davon passt, klicken Sie sie in der Liste einfach an. Ansonsten tippen Sie die Adresse komplett ein und klicken auf den blauen Pfeil rechts, neben dem Suchfeld.

Navigieren in Webseiten

Auf einer Webseite können Sie wie von allen anderen Apps in Windows 10 gewohnt

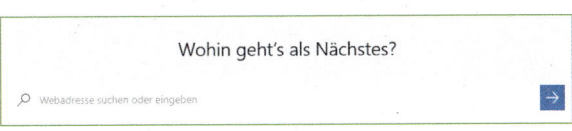

navigieren: Nutzen Sie die Maus oder den Finger, um durch die Inhalte zu scrollen, Bilder oder weiterführende Verknüpfungen anzuklicken und zu anderen Seiten zu wechseln.

Haben Sie ein Touch-Display zur Verfügung, können Sie auch mit den Fingern den Bildschirm an interessanten Stellen antippen, um diese zu vergrößern: Viele Internetseiten sind in Bereiche aufgeteilt, die meist die Form von Rechtecken oder Spalten haben. Tippen Sie mit dem Finger zweimal schnell hintereinander in einen solchen Bereich, dann wird genau dieser so vergrößert, dass er den kompletten Bildschirm einnimmt. Natürlich können Sie die Ansicht noch durch Auseinander- oder Zusammenbewegen von Daumen und Zeigefinger „feinjustieren". Ein weiteres Doppeltippen setzt die Vergrößerung wieder auf Normalniveau.

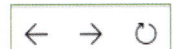

Über die Pfeiltasten oben links am Rand des App-Fensters von Edge gelangen Sie zur vorigen oder nächsten aufgerufenen Seite.

Rechts von den Pfeilen sehen Sie die Adresse der jeweils aktuellen Webseite. Wenn Sie zu einer komplett anderen Webseite wechseln möchten, klicken Sie dort hinein und geben über die Tastatur die neue Adresse ein.

Werbefrei: Der Lesemodus

Wir sind daran gewöhnt, dass die Informationen, die wir im Internet finden, kostenlos sind. Da das Betreiben von Internetseiten auch Geld kostet, sind die meisten Seiten mit Werbung durchsetzt, was das Lesen von Artikeln relativ schwierig macht. Das hat auch

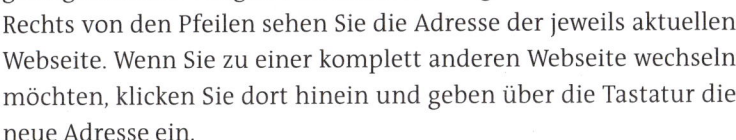

Microsoft erkannt und Edge den sogenannten Lesemodus spendiert. Sobald eine Seite vom Browser analysiert wurde und er sie in den Lesemodus bringen kann, wird das kleine Buchsymbol rechts neben der Adresszeile als blätterndes Buch angezeigt:

Klicken Sie darauf, dann wird der Inhalt, der von Edge erkannt wird, in einer neuen, viel einfacheren Darstellung angezeigt: Bilder, Text und Verknüpfungen sind natürlich vorhanden, aber die diversen bunten Werbebanner und Einblendungen werden nicht dargestellt, was das Lesen deutlich angenehmer macht.

Um in die normale Ansicht der Webseite zurückzukommen, klicken Sie das Buchsymbol erneut oder klicken Sie die Pfeiltaste oben nach links, als wollten Sie zur vorigen Webseite wechseln.

Erstellen und Nutzen von Tabs

Oft haben Sie diverse Internetseiten parallel offen. Es macht wenig Sinn, diese in zehn Fenstern hintereinander darstellen zu lassen, darum gibt es die sogenannten „Tabs": Reiter innerhalb des einen Edge-Fensters, in denen sich jeweils eine Webseite befindet.

1 Rechts oben neben dem Titel der letzten Webseite sehen Sie ein +-Symbol. Tippen Sie es an: eine neue, leere Seite öffnet sich. Alternativ drücken Sie [Strg] + T.

2 Im neuen Tab können Sie wieder über die Adresszeile die gewünschte Internetadresse eingeben.

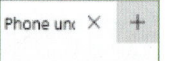

3 Um ein Tab zu schließen, tippen Sie einfach in das kleine Kreuz oben rechts neben dem Titel der Seite. Erst wenn Sie Edge als App komplett schließen, werden alle Tabs zusammen geschlossen.

InPrivate: Privates surfen im Internet

Wenn Sie nicht möchten, dass die aufgerufene Webseite in den Verlauf eingeht und somit von anderen Benutzern Ihres Rechners

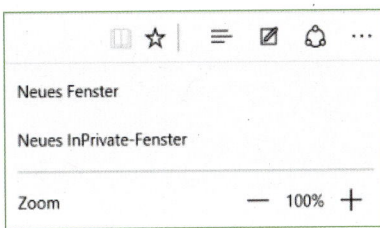

(oder bei eingeschalteter Synchronisation auch auf anderen Windows-Geräten) gesehen werden kann, tippen Sie auf die drei Punkte am rechten oberen Bildschirmrand und wählen Neues InPrivate-Fenster aus. Ein neues, leeres Edge-Fenster öffnet sich, in dem alles, was darin geschieht, auf Ihrem Gerät bleibt und selbst dort nicht über die Internetsitzung hinaus gespeichert wird.

Info

Internet Explorer: Microsoft Edge ist noch relativ neu, und die eine oder andere Internetseite nutzt gegebenenfalls Elemente, die Edge nicht unterstützt, oder ist aufgrund veralteter Technologie nicht ganz so schön anzuschauen. Wenn Sie auf ein solchen Problem treffen, dann klicken Sie auf die drei Punkte oben rechts am Bildschirm, dann wählen Sie Mit Internet Explorer öffnen.

Mit Internet Explorer öffnen

Nutzen von Favoriten

Schon von älteren Windows-Versionen sind sie sicherlich als Vielsurfer daran gewöhnt, Favoriten zu verwenden, also die Adressen wichtiger Internetseiten abzuspeichern und bei Bedarf direkt wieder aufrufen zu können, ohne deren Adressen zu kennen oder manuell eingeben zu müssen.

Natürlich bietet Microsoft Edge diese Funktion auch an: Wenn Sie eine Webseite als Favoriten markieren wollen, rufen Sie sie auf und klicken Sie auf den Stern am oberen rechten Bildschirmrand. Nun können Sie den Favorit nach Wunsch benennen und in einen speziellen Favoritenunterordner schieben. Bestätigen Sie abschließend die Aufnahme der Seite durch einen Klick auf Hinzufügen.

Um einen Favoriten aufzurufen, tippen Sie auf das Symbol mit den drei Querstrichen neben dem Favoriten-Stern, wählen den Favoriten aus und klicken ihn an. Die Webseite, die mit diesem Favoriten verknüpft ist, wird automatisch aufgerufen. Wenn Sie die Liste Ihrer Favoriten immer offen haben wollen, können Sie sie über die drei Querstriche mithilfe der rechts oben eingeblendeten Stecknadel permanent anpinnen.

Verlauf: Zuvor besuchte Webseiten

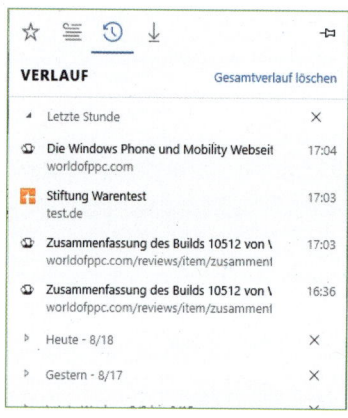

Natürlich können sie auch Webseiten erneut besuchen, die Sie bereits geschlossen haben und an deren Webadresse Sie sich vielleicht nicht mehr erinnern. Klicken Sie dazu im Menü der drei Querstriche auf das Uhrsymbol. Nun erhalten Sie eine chronologische Auflistung der besuchten Webseiten, geordnet in kurzfristige Aktivitäten, die von den vergangenen Tagen sowie noch ältere. Sie können diese Liste mit einem Klick auf das Kreuz rechts in der Liste auch permanent löschen.

Kommentieren und Teilen von Webseiten

Eine hilfreiche Neuerung von Microsoft Edge ist die Möglichkeit, Webseiten direkt beim Ansehen kommentieren und als Bild abzuspeichern zu können, das Sie dann per E-Mail versenden oder in Word, PowerPoint oder einer anderen App weiterverarbeiten können.

1 Rufen Sie die Webseite auf, bei der Sie das ausprobieren möchten, etwa www.test.de.

2 Klicken Sie nun auf das kleine Stift-und-Papier-Symbol am oberen rechten Bildschirmrand, genannt „Webseitennotiz erstellen".

3 Es öffnet sich ein kleiner Werkzeugkasten, in dem Sie Stifte, Textmarker, Sprechblasen und viele Elemente mehr aussuchen und auf die Webseite anwenden können. Probieren Sie ein wenig herum. Ein Radierer ist übrigens auch dabei. Sie können natürlich auch entscheiden, diese Werkzeuge nicht zu verwenden und eine unkommentierte Version der Webseite zu speichern oder zu versenden.

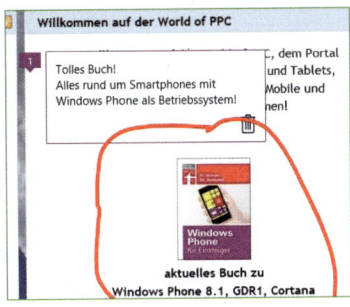

4 Wenn Sie mit den Anmerkungen fertig sind, können Sie das bearbeitete Abbild der Seite durch ein Klicken auf die Diskette speichern – in One-Note, als Favorit oder in der Leseliste. Oder Sie klicken auf das Symbol rechts neben der Diskette, um die (ggf. bearbeitete) Webseite mit einer anderen App zu teilen. Eine Liste erscheint, unter anderem mit der Mail-App, mit der das Bild als Anhang einer E-Mail verschickt werden kann. Dritte Möglichkeit: Ein Klick auf Beenden setzt alles auf null und Sie kehren zur Ausgangswebseite zurück.

Einstellungen von Microsoft Edge: Datenschutz

Die meisten Einstellmöglichkeiten im Edge-Browser sind selbsterklärend, darum sei auch hier einmal mehr der Fokus auf die gelegt, die Ihre persönlichen Daten betreffen.

Das Surfen im Internet hinterlässt Spuren auf jedem Gerät, das Sie nutzen. Das können Sie vermeiden, indem Sie wie vorhin beschrieben InPrivate-Fenster verwenden. Diese nutzen Ihnen allerdings nichts, wenn die Spuren bereits aus einer vorigen Internetsitzung auf dem Gerät vorhanden sind.

Wenn Sie früher ohne InPrivate-Modus eine Internetseite aufgerufen haben, wird diese in den Verlauf aufgenommen und taucht, sobald Sie das nächste Mal beginnen, eine Adresse einzutippen, direkt in der Vorschlagsliste auf. Ebenso versucht jeder Browser Ihnen das Leben einfacher zu machen, indem er sich Eingaben merkt, die Webseiten versuchen Sie wiederzuerkennen, indem Sie sogenannte Cookies auf Ihrem Rechner speichern und vieles mehr. All diese früheren Daten können Sie löschen.

Löschen von Browserverlauf, Cookies, Formulardaten

1 Klicken Sie auf die drei kleinen Punkte am rechten oberen Bildschirmrand, dann auf Einstellungen ganz unten in der Liste.

2 Klicken Sie unter Browserdaten löschen die Option Zu löschendes Element auswählen an.

3 Sie können nun Haken neben den zu löschenden Elementen setzen. Bestätigen Sie den Vorgang durch einen Klick auf Löschen.

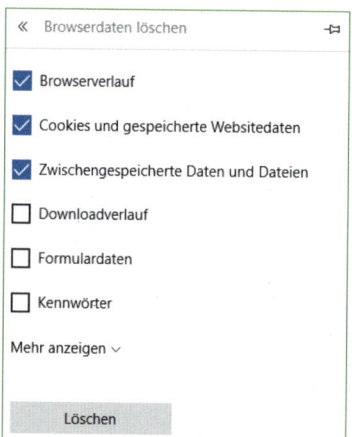
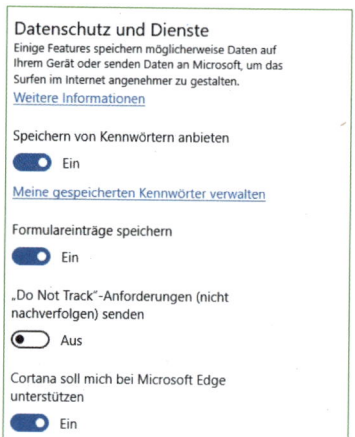

Erweiterte Datenschutzeinstellungen setzen

1 Das sind aber noch nicht alle Einstellungen, die das Thema Datenschutz betreffen. Klicken Sie ganz unten im Menü der Einstellungen auf Erweiterte Einstellungen. Hier finden Sie eine weitere lange Liste.

2 Hier befinden sich u. a. Einstellungen, die dafür sorgen, dass Passwörter und Formulardaten (wie Adressfelder, die, einmal eingegeben, immer wieder verwendet werden) gespeichert werden. Deaktivieren Sie dies.

3 Cortana nutzt ebenfalls Edge – und umgekehrt: Wenn Sie Cortana komplett „loswerden" wollen, müssen Sie auch die Option ausschalten: Cortana soll mich bei Microsoft Edge unterstützen.

Firewall und Antivirus: Schutz unterwegs

Surft man im Internet, stößt man fast zwangsläufig auf Viren und Malware. Wird sie nicht früh genug erkannt, kann sie immensen Schaden auf Ihrem Rechner anrichten.

Die Windows-Firewall

Für Sie als schutzsuchenden Anwender nahezu unbemerkt agiert die Windows-Firewall in jedem neueren Windows-System im Hintergrund – natürlich auch in Windows 10. Aber was ist eine Firewall? Der Begriff leitet sich ab aus der in Häusern üblichen Brandschutzwand, die verhindern soll, dass ein Brand von einem Raum in den anderen überschlägt und das ganze Haus in Mitleidenschaft gezogen wird. Etwas Ähnliches leistet eine Firewall auch, nur geht es hier nicht um Feuer, sondern um Verbindungen übelmeinender Gesellen, die entweder von außen aus dem Internet auf Ihren Rechner gelangen wollen oder aber über Schadsoftware auf Ihrem Rechner Daten ins Internet schicken wollen. Beides Dinge, auf die Sie logischerweise verzichten können.

Den PC mithilfe der Windows-Firewall schützen

Mithilfe der Windows-Firewall kann verhindert werden, dass Hacker oder Schadsoftware über das Internet bzw. über ein Netzwerk Zugriff auf den PC erhalten.

✓ Private Netzwerke		Nicht verbunden ⌄
✓ Gast oder öffentliche Netzwerke		Verbunden ⌃

Netzwerke an öffentlichen Orten, beispielsweise Flughäfen oder Cafés

Status der Windows-Firewall:	Ein
Eingehende Verbindungen:	Alle Verbindungen mit Apps blockieren, die nicht in der Liste zugelassener Apps vorhanden sind
Aktive öffentliche Netzwerke:	🏳 Netzwerk
Benachrichtigungsstatus:	Benachrichtigen, wenn eine neue App von der Windows-Firewall blockiert wird

Die Windows-Firewall überwacht die ein- und ausgehenden Verbindungen und sperrt solche, die nicht plausibel erscheinen. Da ist sie übrigens nicht alleine: Auch Ihr Router, das kleine Stück Technik, das Sie von Ihrem Internet-Anbieter bekommen haben und das den Zugang ins Internet bereitstellt, hat meist eine Firewall, die noch vor der Ihres PCs steht. Die beiden Hand in Hand genügen im Normalfall, um Sie zu schützen, wenn Sie nur normale Sicherheitsanforderungen haben.

Der Windows Defender

Während eine Firewall „nur" Verbindungen überprüft, lauert die Gefahr dort, wo Sie selbst aktiv Programme ausführen oder Inhalte herunterladen. Computerviren sind kleine Schadprogramme, die sich in Ihren Rechner einnisten und diesen Stück für Stück infizieren, sich verbreiten und irgendwann ihre Schadfunktion entfalten: beispielsweise Daten löschen, verändern, Werbung an Fremde weiterschicken und vieles mehr.

Der Windows Defender ist der integrierte Virenschutz von Windows 10, den Sie am ehesten „sehen", wenn Sie nach Updates suchen: Der Defender bekommt regelmäßig aktualisierte Virendefinitionen. Da Windows auf Millionen von Rechnern läuft, ist es ein

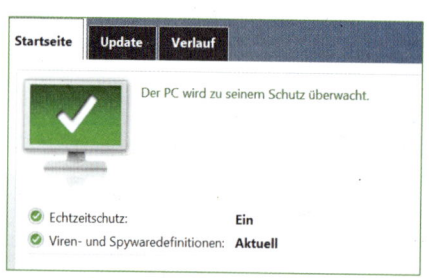

lohnendes Ziel, weshalb immer wieder neue Viren geschrieben werden. All diese Veränderungen müssen in die Virendefinitionen aufgenommen werden, damit sie erkannt werden. Ein Virenscanner untersucht die von Ihnen heruntergeladenen Dateien, ob er darin Muster findet, die die Virendefinitionen als verdächtig identifizieren.

Manuelles Aktualisieren und Scannen nach Viren

1 Den Windows Defender können Sie durch eine Suche nach Defender im Suchfeld und das Anklicken des Eintrages starten. Im

Normalfall sehen Sie im Überblicksbildschirm alles in Grün, was bedeutet, dass der Defender im Hintergrund seinen Dienst tut, Ihr System schützt und die Virendefinitionen aktuell sind.

2 Auch wenn der Defender automatisch aktualisiert wird, manchmal kann es sinnvoll sein, die Virendefinitionen manuell zu aktualisieren, bevor sie im Rahmen eines Windows Updates bereitgestellt werden. Dazu klicken Sie im Windows Defender auf den Reiter Update, dann auf Aktualisieren. Wann die letzte Aktualisierung stattgefunden hat, sehen Sie ebenfalls in diesem Fenster.

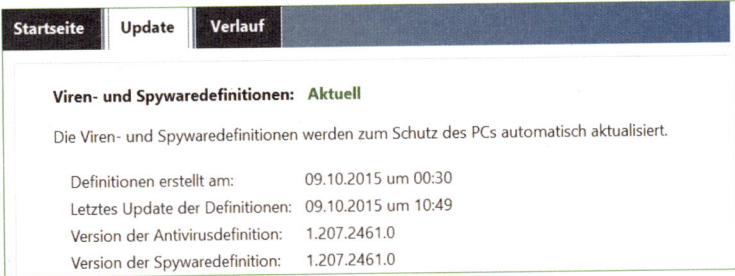

3 Um Ihren Rechner auf Viren zu überprüfen, also unabhängig von der stets aktiven Echtzeitprüfung die Festplatte selbst zu durchsuchen, klicken Sie auf Vollständig und auf Jetzt überprüfen.

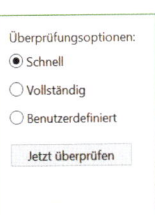

4 Findet der Defender einen Virus, informiert er Sie und versucht, die Schadsoftware zu isolieren und damit zu entschärfen, was in den allermeisten Fällen klappt. Ist der Virus erst einmal aus dem „Körper", ist alles wieder gut.

Alternativer Schutz

Die internen Programme von Windows 10 bieten schon einen gewissen Schutz, es empfiehlt sich aber, zusätzliche Programme zu installieren. Sieger bei unseren Tests war G Data Internet Security für 33 Euro (Note 1,8, siehe test 04/2015). Solche Lösungen müssen aber nicht unbedingt etwas kosten. Die kostenlose Lösung von Avira wurde etwa mit der Note 2,1 bewertet (siehe test 04/2013).

Aktuelle Tests und Tipps zum Thema finden Sie auf www.test.de/thema/computersicherheit/.

1 Unter http://www.avira.de können Sie das Installationsprogramm von Avira kostenlos herunterladen.

2 Klicken Sie in Microsoft Edge auf Kostenlos downloaden, um den Download zu starten

3 Ist er abgeschlossen, erscheint unten eine Leiste, in der sie die Datei durch einen Klick auf Ausführen öffnen.

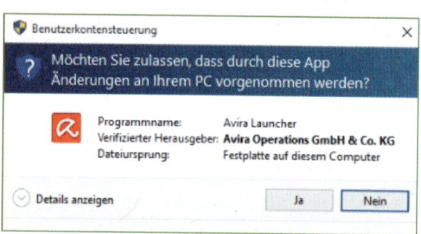

4 Nun müssen Sie eine Sicherung von Windows umgehen: Die Benutzerkontensteuerung merkt, dass hier ein Systemprogramm installiert werden soll und fragt Sie, ob Sie sich sicher sind. In einem solchen Fall bestätigen Sie die Abfrage.

5 Das Installationsprogramm von Avira wird aktiviert und lädt weitere Daten im Hintergrund herunter. Folgen Sie den Anweisungen auf dem Bildschirm und wundern Sie sich nicht, dass Windows 10 plötzlich meckert, Ihr Rechner sei gefährdet: Zur Installation einer alternativen Antiviren-Lösung muss der Windows Defender deaktiviert werden. Durch die im Hintergrund weiter fortgeführte Installation von Avira ist das nur ein kurzfristiger Zwischenstatus.

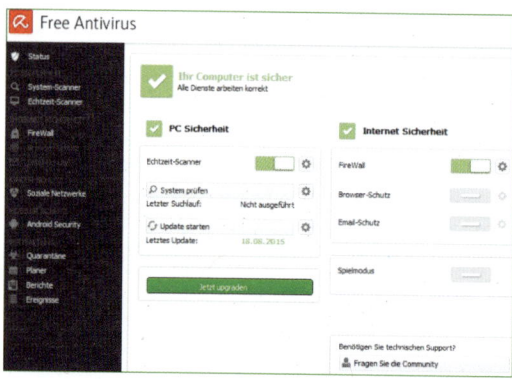

6 Schon kurze Zeit später ist Avira installiert und zeigt Ihnen einen ähnlichen Statusbildschirm wie der Windows Defender an. Und natürlich aktualisieren sich das Programm und seine Virendefinitionen automatisch.

Windows Store: Apps suchen und kaufen

Sie möchten eine App nutzen, haben diese aber noch nicht in Ihrem Besitz? Dann müssen Sie nicht lange im Internet suchen. Windows 10 bietet Ihnen verschiedene Einkaufsmöglichkeiten an, mittels derer Sie direkt von Ihrem Gerät aus an den Inhalt Ihrer Wahl kommen. Wie im wahren Leben geht der Trend dazu, möglichst alle Einkäufe in einem einzigen Laden zu erledigen – und so ist einer der sichtbarsten Unterschiede zwischen Windows 8 und Windows 10 der, dass es nicht mehr einzelne Läden für Apps, Musik und Videos gibt, sondern einen einzigen Store für alle kaufbaren Inhalte.

Eine für alle: Universal-Apps

Eine Tendenz im Microsoft Universum ist es, möglichst viele Dinge auf unterschiedlichen Geräten (ob PC, Windows 10 Tablet, Notebook, Windows Phone oder XBOX) möglichst gleich aussehen zu lassen. Ein Mittel dazu sind die sogenannten Universal Apps: Diese laufen auf allen Plattformen und zählen für den Store als einzelne App. Es kann also sein, dass Sie eine App schon auf Ihrem Windows Phone (gekauft und) installiert haben. Dadurch besitzen Sie die App automatisch für alle Windowsgeräte. Auf Ihrem PC, auf dem Sie die App gar nicht installiert haben, wird sie Ihnen in der Store-Übersicht dennoch unter Bibliothek angezeigt und Sie können sie nun (kostenlos) ebenfalls installieren. Gleichzeitig besteht kein Zwang, jede App, die Sie besitzen, auch auf allen Geräten installieren zu müssen.

Die Suche im Windows Store am Beispiel von Apps

Ein PC ist nichts anderes als ein großer Baukasten: Erst nutzen Sie die Möglichkeiten, die er ab Werk bietet, und je länger Sie ihn nutzen, desto mehr fällt Ihnen ein, was Sie noch damit tun könnten. Das Zauberwort in diesem Zusammenhang ist „Apps".

Apps (eine Abkürzung für Applications, also Anwendungen) sind kleine Zusatzprogramme, die heruntergeladen und dann aus der Programmliste heraus gestartet werden können, genauso wie die vorinstallierten Programme.

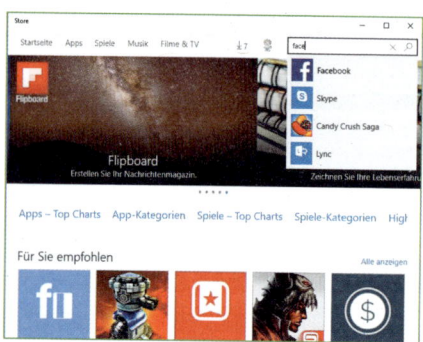

Suchen und Installieren einer App

1 Aus der Programmliste können Sie den Windows Store durch ein Tippen auf Store starten. Nehmen wir an, Sie möchten Facebook nutzen und dazu dann die benötigte App installieren.

2 Klicken Sie dazu in das Suchfeld mit der Lupe am oberen Bildschirmrand und geben Sie einen Text ein, der die gesuchte App identifiziert. Das muss nicht notwendigerweise der Name sein, auch eine Funktion wie „Chat" oder „Messenger" kann im Beispielfall zum Ziel führen.

3 Der Store zeigt Ihnen schon während der Eingabe eine Kurzliste möglicher Begriffe an, die Sie meinen könnten. Tippen Sie darin einfach den an, den Sie meinen.

4 Aus der Liste der dadurch gefundenen Apps wählen Sie in diesem konkreten Fall Facebook aus. Steht unter einer App: Das Produkt ist installiert, haben Sie sie bereits auf dem Gerät installiert und können es direkt durch ein Klicken auf Öffnen starten.

5 Steht darunter: Sie haben dieses Produkt erworben und können es auf diesem Gerät installieren, haben Sie die App schon einmal auf einem anderen Gerät heruntergeladen, aber auf dem aktuellen Gerät noch nicht installiert. Der Vorteil der Universal-Apps vom Windows ist ja gerade, dass Sie ein Produkt nur einmal kaufen und es dann auf allen Windowsgeräten nutzen können. Klicken Sie auf

Installieren, dann können Sie die App auch für dieses Gerät herunterladen, müssen Sie aber – so sie kostenpflichtig ist – nicht erneut bezahlen.

6 Handelt es sich um eine komplett neue App, müssen Sie sie installieren. Klicken Sie (im Beispiel Facebook) auf Kostenlos – oder auf Kaufen, wenn es eine kostenpflichtige App ist. Bei manchen kostenpflichtigen Apps gibt es die Möglichkeit, diese kostenlos (und meist zeitlich oder funktional be-

grenzt) auszuprobieren. Um dies zu nutzen, tippen Sie auf Testen.

7 Die App wird heruntergeladen und installiert.

App-Berechtigungen überprüfen

Achten Sie bei der Installation einer App immer darauf, welche Berechtigungen sie verwenden will. Diese Angabe finden Sie, wenn Sie in der Beschreibung der App im Store ganz nach unten scrollen und dort unter der Überschrift Diese App ist berechtigt, Folgendes zu verwenden nachsehen. Wenn Ihnen die Berechtigungen zu weit gehen – warum sollte beispielsweise ein einfaches Rezeptbuch Zugriff auf Ihre GPS-Position oder Ihre Kontakte nehmen –, können Sie entscheiden, die App nicht zu installieren. Einschränken können Sie die Rechte nicht: Wenn Sie sie installieren, geben sie ihr explizit das Recht, auf die angegebenen Daten und Sensoren zuzugreifen.

Deinstallation von Store-Apps

1 Jede App belegt kostbaren Speicherplatz auf Ihrem Gerät, und so ist es nur folgerichtig, dass Sie nicht mehr benötigte Apps deinstallieren wollen. Dazu suchen Sie die Kachel der App bzw. den Eintrag der App im Startmenü unter Alle Apps.

2 Wählen Sie ihn mit einem Klick der rechten Maustaste oder mit einem längeren Fingerdruck aus, so gelangen Sie in deren Einstellungen.

3 Wählen sie hier Deinstallieren. Wenn dies nicht direkt sichtbar ist, tippen Sie auf Weitere Optionen, dann auf Deinstallieren.

4 Nach einem Moment des Arbeitens ist die App mit all ihren zugehörigen Dateien von Ihrem PC entfernt. Dokumente, die Sie gegebenenfalls damit erzeugt haben, bleiben davon im Normalfall unberührt und stehen Ihnen weiterhin zur Verfügung.

Von „Start" lösen
Größe ändern
Live-Kachel deaktivieren
An Taskleiste anheften
Deinstallieren

Exkurs: Programme außerhalb des Stores

Im Gegensatz zu einem Windows Phone oder einem Tablet mit Windows RT ist für PCs und Notebooks der Windows Store nicht die einzige Zugangsmöglichkeit zu Programmen: Wie von älteren Windows-Versionen gewohnt, können auch „normale" Programme installiert werden, die Sie aus dem Internet herunterladen oder im Handel auf physischen Datenträgern wie USB-Sticks oder CDs/DVDs kaufen können.

Hierzu gibt es gedruckte oder elektronische Handbücher, die Ihnen die Schritte zur Installation detailliert beschreiben. Im Grunde funktioniert dies aber immer gleich.

Manuelle Installation und Deinstallation

1 Laden Sie das Programm in ein Verzeichnis herunter bzw. legen Sie den Datenträger, der es enthält, in das Laufwerk ein.

2 Starten Sie den Windows Explorer und wechseln sie an den entsprechenden Speicherort, in dem das Programm liegt. Dort finden Sie im Normalfall eine Datei namens „INSTALL.EXE" oder

„SETUP.EXE", auf die Sie einen Doppelklick ausführen müssen.

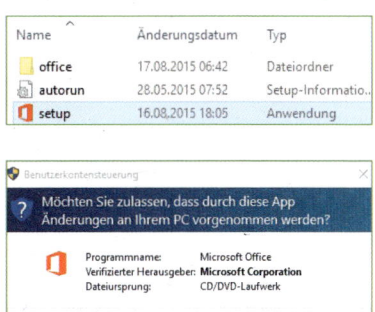

3 Der Installationsprozess startet und kopiert die benötigten Dateien an die entsprechenden Orte auf der Festplatte Ihres Rechners. Wichtig zu wissen: Das rein manuelle Kopieren der Programmdateien hätte nicht denselben Effekt: Neben den Dateien werden auch diverse Einstellungen im System vorgenommen.

4 Das neue, so installierte Programm taucht ebenfalls wie gewohnt im Startmenü unter Zuletzt installiert auf. Meist wird auch eine Verknüpfung auf dem Desktop angelegt.

5 Wollen Sie so ein Programm wieder deinstallieren, brauchen Sie das nicht wie in früheren Windows-Versionen in der Systemsteuerung tun, sondern können denselben Weg wie eben bei einer Store-App beschreiten.

Überblick über den verbrauchten Speicher von Apps

Besonders, wenn Sie ein Gerät mit kleinem Festspeicher (wie ein Tablet mit Windows 10) verwenden, wird der Speicherplatz schnell eng. Ist das der Fall, ist es hilfreich, zu überprüfen, welche App wie viel Speicher belegt. Da fällt die Entscheidung deutlich einfacher, ein selten genutztes, aber riesiges Spiel zu löschen. Diesen Überblick bekommen Sie, wenn Sie über die Einstellungen auf System, dann auf Apps & Features klicken.

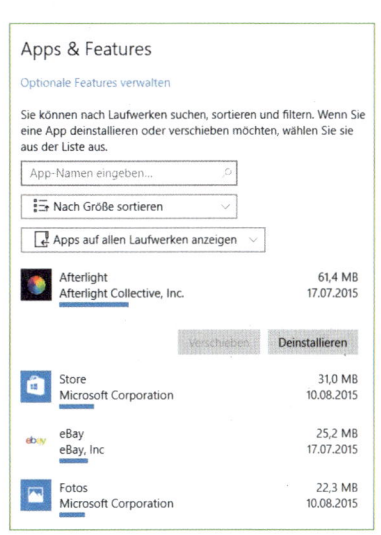

Sie können dort ganz spezifisch nach einer App suchen, sich die Anzeige nach der Größe der Apps sortieren lassen und einiges mehr. Tippen Sie eine App an, dann können Sie diese mit einem Klick auf Deinstallieren auch direkt rausschmeißen.

Musik und Videos im Windows Store

Während Sie mit neuen Apps die Funktionalität Ihres PCs erweitern, bietet der Store noch mehr. Die Reiter oben bieten neben den Apps auch Musik sowie Filme & TV an.

Suchen Sie – wie von Apps gewohnt – nach einem Teil des Titel-, Interpreten- oder Albumnamens, und Sie bekommen alle Musikstücke (wie auch Videos) angezeigt, die zur Verfügung stehen. Das meiste ist natürlich kostenpflichtig, oft können Sie aber kostenlos reinhören oder sich den Trailer zum Film ansehen.

Der Groove-Musik-Dienst

Eine Besonderheit gibt es bei der Musik: Mit dem Umstieg auf Windows 10 hat Microsoft den sperrigen Namen „XBOX Music", der

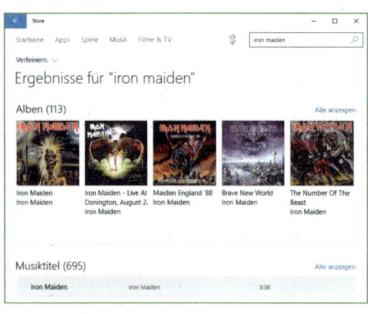

für viele Anwender zu sehr an die Spielekonsole erinnerte, ersetzt durch „Groove-Musik". Dieser Dienst – nicht zu verwechseln mit der gleichnamigen App (siehe „Groove-Musik", S. 170) – kann 30 Tage kostenlos getestet werden und kostet danach eine monatliche Gebühr. Mehr Informationen über den Funktionsumfang und die Kosten finden Sie hier: http://www.xbox.com/de-DE/Legal/Usage-Rules.

Wenn Sie Groove-Musik als Dienst abonniert haben, können Sie kostenlos aus einem großen Angebot aktueller Musik wählen und diese entweder streamen lassen oder auf Ihr Gerät herunterladen und so ohne Datenverbindung hören.

Tippen oder klicken Sie auf Wiedergeben. Haben Sie Groove-Musik nicht aktiviert, erscheint nun

Kostenlos Wiedergeben. Durch einen Klick auf diese Schaltfläche können Sie eine 30-tägige Testmitgliedschaft starten.

Nutzen Sie den Dienst nicht, können Sie Musikstücke aber auch kaufen – genau so, wie Sie es mit Apps machen würden. Voraussetzung dafür ist, dass Sie Ihrem Microsoft-Konto eine gültige Zahlungsweise hinterlegt haben. Klicken Sie auf den angezeigten Preis des Albums oder Songs – schon ist es gekauft und wird geladen.

Verschiedene Musikdienste: Die Qual der Wahl

Wenn Sie sich den Luxus eines Musikdienstes leisten möchten, wird so langsam die Entscheidung schwer gemacht: Es ist keinesfalls so, dass Microsofts Groove-Musik allein dasteht. Schon davor und nebenher existieren Dienste wie Spotify, Apple Music mit ähnlichen Funktionen (siehe test 07/2013 und unter www.test.de, Stichwort Musikstreaming-Dienste). Immer mehr Anbieter tummeln sich auf dem Markt und alle haben ihre Vor- und Nachteile.

Wenn Sie „nur" einen Windows-PC, ein Tablet oder Notebook nutzen, sind sie relativ flexibel, denn die entsprechenden Zugangsprogramme für die Dienste lassen sich als normale Windows-Anwendungen installieren – unabhängig davon, ob es dafür auch eine App im Store gibt. Wenn Sie allerdings auch noch ein Windows-Smartphone verwenden möchten, bietet sich Groove-Musik an: Dieser Dienst ist bei den Windows-Smartphones integriert und wird vollumfänglich genutzt. iTunes (und damit auch Apple Music) beispielsweise gibt es für mobile Windowsgeräte aktuell noch nicht.

Filme im Store ausleihen, kaufen und ansehen

Für Filme ist das Ganze noch deutlich ausgeklügelter: Ihr Windows 10 geht davon aus, dass man einen Film nicht notwendigerweise mehrfach ansieht, sondern in den meisten Fällen nur einmal. Im wahren Leben würden Sie dazu in eine Videothek gehen, und genau diese Funktion hat der Windows Store ebenfalls.

1 Starten Sie den Store, dann tippen Sie oben auf Filme & TV. Suchen Sie nun wie von den Apps und der Musik gewohnt nach einem für Sie interessanten Film.

2 Standardmäßig wird Ihnen die HD-Version (High Definition, also normale Auflösung) angeboten. Wenn Sie stattdessen die SD-Version (Standard Definition, etwas geringere Auflösung) verwenden möchten, tippen Sie einfach auf das kleine Dreieck neben HD und in dem sich öffnenden Auswahlfeld auf SD. Interessant dabei: Wenn Ihnen die Auflösung egal ist, nehmen Sie die SD-Variante, denn diese ist meist deutlich günstiger.

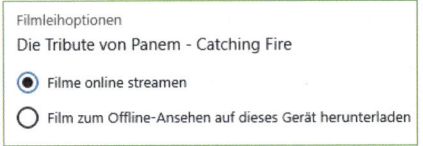

3 Einige Filme bieten die Möglichkeit, sie nicht permanent zu kaufen, sondern zu einem günstigeren Preis lediglich auszuleihen. Wenn das für den von Ihnen gesuchten Film möglich ist, erscheint neben dem Kaufen- ein Leihen-Button. Dann können Sie sich entscheiden, ob Sie den Film aus dem Store streamen lassen wollen (was keinen Speicherplatz auf Ihrem Gerät belegt, aber eine gute Netzwerkverbindung erfordert) oder aber auf Ihr Gerät herunterladen wollen. Ein geliehener Film kann allerdings nur zeitlich begrenzt abgespielt werden, ein gekaufter beliebig oft.

4 Gekaufte wie geliehene Musik und Filme erscheinen dann ganz normal in Ihrer Sammlung.

Aktualisierungen im Windows Store

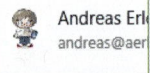

Auch der Windows Store bietet Ihnen ein Einstellungen-Menü. Tippen Sie in der Store-App auf das kleine Bild Ihres Kontos, dann auf Einstellungen.

Die Übersicht ist nicht groß, vor allem geht es um die Aktualisierungen von Apps. Denn nicht nur Ihr Windows System wird kontinuierlich verbessert, auch Apps bekommen regelmäßig Fehlerbeseitigungen, neue Funktionen und andere Verbesserungen. Im Normalfall bekommen Sie dies gar nicht mit: Der Schalter ist standardmäßig eingeschaltet und kann nicht ohne Weiteres deaktiviert werden. So werden die Aktualisierungen automatisch im Hintergrund installiert.

Reinstallation von Apps aus der Bibliothek

Ein einmal eingerichtetes Windows-System kann Sie über Monate und Jahre begleiten. Irgendwann aber kommt vielleicht der Zeitpunkt, an dem Sie einen neuen PC bekommen, Ihr alter Rechner nicht mehr störungsfrei läuft oder Sie einfach mal Tabula rasa machen und mit einem frischen Windows neu loslegen möchten. Neben der reinen Installation von Windows ist einer der größten Aufwände die Installation der ganzen Apps und Programme, die Sie vorher installiert hatten. Oft haben Sie gar nicht mehr den Überblick, was sie da über die Zeit installiert hatten. Zumindest bei den über den Windows Store bezogenen Apps haben Sie es hier leicht:

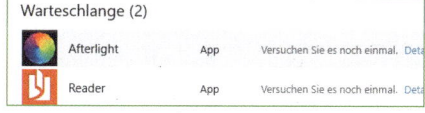

1 Tippen Sie im Store auf Ihr Kontobild oben links am Bildschirm, dann auf Meine Bibliothek.

2 Sie bekommen nun eine Übersicht über die installierten Programme. Um eine komplette Liste zu erhalten, tippen Sie auf Alle Anzeigen. Durch die Listen können Sie wieder mittels Maus oder Finger hindurchscrollen und die Installation einer jeden App durch Anklicken des kleinen Pfeils am rechten Rand des Bildschirms neben der App starten.

3 Das können Sie auch in rasender Geschwindigkeit machen: Fordern Sie nacheinander den Download aller zu installierenden Apps an. Diese werden nun automatisch in der Download-Liste geparkt und nach und nach heruntergeladen – ohne dass Sie dies begleiten oder eingreifen müssen.

Planung und Kommunikation

Ihr PC ist Ihr virtueller Arbeitsplatz. Windows 10 hilft Ihnen dabei, all Ihre Termine und Kontakte zu verwalten und mit Ihnen per E-Mail oder Skype zu kommunizieren. Das Besondere dabei: Wenn Sie den Cloudspeicher OneDrive nutzen, sind diese Daten für Sie überall verfügbar und ermöglichen Ihnen die Nutzung von jedem Ort aus. Das verleiht der Bedeutung des virtuellen Arbeitsplatzes eine ganz neue Dimension.

Ihr Kalender:
Für einen schönen Tag

Kalender

Der Kalender ist für viele Anwender eine der wichtigsten Funktionen eines „Bürogeräts". Was früher aus Papierkalendern, Taschenkalender und einzelnen Notizzettelchen mühsam zusammengesetzt werden musste, ist heute wunderbar vereint. Und noch viel wichtiger: Mehrere Personen, zum Beispiel die Familie, die Kollegen oder Freunde können bei richtigem Einsatz alle zusammen auf einen Kalender zugreifen!

Auswahl der verschiedenen Kalender

Je mehr Sie online unterwegs sind, desto mehr Kalender werden Ihnen zwangsläufig über den Weg laufen und auf Ihrem Gerät verfügbar sein: Fast jedes Ihrer Konten (sei es das Microsoft-Konto, Google etc.) bringt einen eigenen Kalender mit, in dem Sie vielleicht schon verschiedene Termine zu stehen haben. Es ist wenig sinnvoll, alle Kalender auf dem PC parallel anzeigen zu lassen.

Die Kalender-App von Windows verwendet eine kombinierte Sicht auf die Termine aller Kalender, die für die Anzeige ausgewählt sind. Dieser gemeinsame Kalender kann durch Klicken auf die Kalender-Kachel im Startmenü oder auf Kalender in der Liste Alle Apps geöffnet werden. Die angezeigten Kalender sind dabei auf Wunsch auch farblich unterscheidbar.

Um festzulegen, welche Kalender auf Ihrem Gerät angezeigt werden sollten, schauen Sie sich die linke untere Spalte des Kalender-Fensters an: Dort finden Sie die Liste der Konten, die auf Ihrem PC vorhanden sind und die einen Kalender integriert haben. Darunter finden Sie dann die einzelnen Kalender dieses Kontos. Für jeden Kalender können Sie manuell durch Setzen oder Entfernen des Hakens festlegen, ob dieser angelegt werden soll oder nicht.

Verschiedene Ansichtsoptionen des Kalenders

Im Standard wird der aktuelle Tag (Heute) angezeigt. Durch Wischen mit dem Finger nach links über den Bildschirm oder durch Klicken auf den Keil nach rechts kann tageweise in die Zukunft, durch ein Wischen nach rechts bzw. Klicken auf den Keil nach links in die Vergangenheit gescrollt werden.

Neben der Sicht auf einen einzelnen Tag bietet die Kalender-App auch noch andere Ansichten. Diese finden Sie am oberen Bildschirmrand und können sie durch Antippen oder Anklicken auswählen. Zur Verfügung stehen die Tagesansicht, die Arbeitswoche (ohne das Wochenende), die Woche (mit allen sieben Tagen), der Monat als Übersicht und Heute als aktueller Tag.

Die Festlegung, welche Tage zur Arbeitswoche gehören, können Sie übrigens durch einen Klick auf das Zahnrad unten links am Bildschirm erreichen, gefolgt von einem Klick auf Kalendereinstellungen.

Je größer der Bereich ist, den Sie ausgewählt haben, desto weniger Detailinformationen können Sie natürlich sehen. Im Monatskalender beispielsweise müssen Sie schon einen großen Monitor mit hoher Auflösung verwenden, um die Einträge noch erkennen zu können.

Innerhalb der Kalender können Sie wieder wie gewohnt durch Wischen mit dem Finger über den Bildschirm Ihres Gerätes durch den Kalender wandern.

Wenn Sie wieder auf den heutigen Tag zurück möchten, dann können Sie dies aus jeder Ansicht in der Ansichtsleiste oben am Bildschirm mit einem Klick auf Heute.

Im Standard finden Sie in den Kalendereinträgen neben dem Tag auch einen kleinen Eintrag für das Wetter. Neben dem Piktogramm, das Ihnen Sonne, Wolken oder Regen anzeigt, finden Sie auch die Mindest- und Höchsttemperatur. Diese Informationen sind allerdings nur dann verfügbar, wenn Sie in den Datenschutzeinstellungen von Windows angewählt haben, dass die App Kalender die Position verwenden darf.

Anlegen eines neuen Termins

Das Anlegen eines neuen Termins ist die leichteste aller Übungen, zumal die Bedienung von Windows-Apps keine wirklichen Unterschiede zwischen einzelnen Elementen macht.

1 Tippen Sie egal aus welcher Ansicht einfach auf die Option + Neues Ereignis links oben auf dem Kalenderbildschirm.

2 Die Kalender-App zeigt Ihnen nun einen leeren Termin an, in den Sie die nötigen Informationen zum Termin eintragen können. Der Titel ist eine Pflichtangabe, denn er erscheint in der Kalenderübersicht. Der Ort ist optional und soll nur eine Erinnerung geben, wo der Termin stattfindet. Das wissen Sie für Ihre eigenen Termine ohne weitere Teilnehmer sicherlich selbst – aber wenn Sie jemanden in den Termin aufnehmen wollen, sollten Sie ihm mitteilen, wo Sie sich treffen.

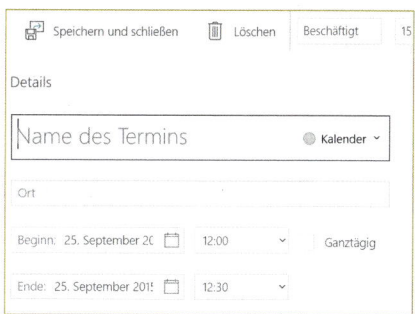

| 15 Minuten |
| Keine |
| 0 Minuten |
| 5 Minuten |
| **15 Minuten** |
| 30 Minuten |
| 1 Stunde |
| 12 Stunden |
| 1 Tag |

3 Falls Ihr neuer Termin nicht ganztägig und heute sein soll, stehen nun noch weitere Angaben an: Tippen Sie auf Datum, um auf die von der Einstellung der Uhrzeit bekannte Weise das Datum des Termins einzustellen und durch Antippen festzulegen. Genauso verfahren Sie mit der Uhrzeit des Terminbeginns und -endes.

4 Nun reichen auch diese Informationen nicht unbedingt aus: Tippen Sie auf Weitere Informationen, um in der Detailansicht weitere Informationen zum Termin eingeben zu können. Die Dauer legt fest, wie lange der Termin dauert. Im Standard wird eine Stunde angenommen. Wenn Sie diese Angabe antippen, können Sie aus einer Liste vorgegebener Zeitangaben auswählen.

5 Die Erinnerung ist eine wichtige Hilfe, wenn Sie Ihre Termine zwar prinzipiell im Kopf haben, über eine Gedächtnisstütze aber dankbar sind. Relativ in der Mitte am oberen Bildrand des neuen Termins finden Sie die Standardangabe 15 Minuten. Tippen Sie diese an, um auszuwählen, wie viele Minuten, Stunden oder Tage vorher Ihr Rechner Sie an den Termin erinnern soll. Dies sollten Sie davon abhängig machen, wie viel Vorlauf Sie brauchen. Für einen Termin im selben Bürogebäude reichen fünf Minuten aus, für einen am anderen Ende der Stadt sollten Sie vielleicht zwei Stunden einkalkulieren.

6 Speichern Sie den Termin durch Tippen oder Klicken auf Speichern und Schließen oben links.

Terminserien eingeben

1 Terminserien sind Termine, die mehr als nur einmal stattfinden und einer gewissen Systematik folgen, so zum Beispiel jede Woche an einem Mittwoch, an jedem 2. August etc. Auch diese können Sie direkt im Kalender eingeben. Erstellen Sie dazu zunächst den allerersten Termin.

2 In den Detailinformationen des Termins klicken Sie auf den Kreis mit den beiden Pfeilen oben rechts im Bildschirm. Abhängig vom bereits gewählten ersten Datum dieses Termins können Sie nun verschiedene Optionen aus der Liste auswählen, die die Serienart, also die Wiederholung des Termins festlegen.

Bearbeiten oder Löschen eines Termins

1 Dann und wann soll es vorkommen, dass Sie einen Termin bearbeiten müssen. Das ist bis auf eine Ausnahme kein Problem: Den Kalender, in dem der Termin steht, können Sie nachträglich nicht mehr verändern. Für alle anderen Felder suchen Sie sich in der Kalenderansicht das Datum des zu verändernden Termins heraus.

2 Tippen oder klicken Sie ihn an.

3 Gehen Sie nun auf Details und ändern Sie die Daten, die geändert werden müssen.

4 Wenn Sie den Termin stattdessen löschen möchten, klicken Sie einfach auf das Symbol Löschen am oberen Bildschirmrand.

Die Kontakte: Meine Visitenkartensammlung

Erinnern Sie sich noch an die „gute" alte Zeit? Das Telefon klingelte, Sie bekamen die neue Telefonnummer eines Freundes mitgeteilt – nur: Wo notieren? So fanden sich über die Zeit mehr und mehr kleine gelbe Zettel, Ränder von Zeitungen und mehr Aushilfs-Notizzettel rund um das Telefon an, die eines gemeinsam hatten: Wenn man sie brauchte, glänzten sie durch Abwesenheit.

Diese Situation sollte spätestens mit dem Einsatz von Windows 10 endgültig der Vergangenheit angehören. Neben den Terminen kann Ihr Rechner natürlich auch Ihre Kontakte komfortabel und effektiv verwalten.

Navigieren in den Kontakten

Kontakte können wie Termine auf verschiedene Arten auf Ihr Gerät kommen: Entweder durch die Synchronisation mit einem Konto, wie Ihrem Microsoft- oder Google-Konto, oder durch die manuelle Eingabe auf Ihrem Gerät. Es kann daher auch sein, dass Sie noch gar keinen Kontakt auf Ihrem PC haben (siehe „Neuen Kontakt manuell anlegen", S. 125).

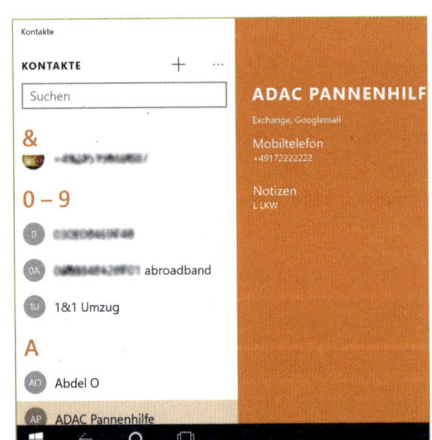

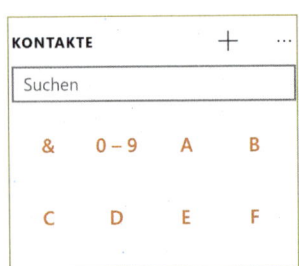

1 Im Standard haben Sie auf der Startseite Ihres PCs und in der Liste der installierten Apps bereits im Standard die Kontakte-Kachel. Klicken Sie diese an.

2 Wenn Sie die Kontakte geöffnet haben, sehen Sie als Erstes einen Überblick all Ihrer auf dem Gerät gespeicherten Kontakte. Schon erkennen Sie etwas wieder: Auch bei den Kontakten findet sich wieder der gewohnte alphabetische Index wie bei den Apps.

3 Tippen Sie auf eines der Kästchen, um eine Übersichtsseite angezeigt zu bekommen, in der Sie schnell durch Antippen zu einem Buchstaben springen können.

4 Noch einfacher ist es, nach einem Namen zu suchen: Tippen oder klicken Sie unten am Bildschirmrand auf die Lupe und geben Sie die ersten Buchstaben des Namens des Kontaktes, den Sie suchen. Die Liste der Kontakte wird automatisch gefiltert, es bleiben nur noch diejenigen übrig, die die eingetippten Buchstaben enthalten.

5 Tippen oder klicken Sie den gewünschten Kontakt an, um seine Details zu öffnen.

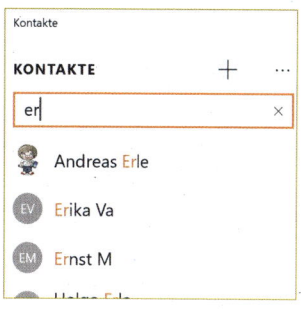

Verwenden von Kontakten

Kontakte enthalten eine Menge an Informationen, die Sie direkt aus der Kontaktkarte weiterverwenden können. Sobald Sie diese Kontaktkarte geöffnet haben, finden Sie alle gespeicherten Informationen wie Rufnummern, E-Mail-Adressen, Webseiten-Informationen und vieles mehr. Manche Informationen sind in der Standardansicht direkt mit Aktionen hinterlegt. So steht dort nicht E-Mail Privat, sondern E-Mail an Privat. Durch ein Antippen oder -klicken einer dieser Aktionen wird diese direkt ausgeführt. Im Beispiel wird also eine neue E-Mail an eine unter Arbeit gespeicherte Adresse geschrieben. Wenn Sie dies das erste Mal machen, müssen Sie die Standardanwendung (in diesem Fall Mail) auswählen. Setzen Sie doch einen Haken neben Immer diese App verwenden, dann unterbleibt diese Nachfrage ab sofort.

Neuen Kontakt manuell anlegen

Kontakte können auf unterschiedlichen Wegen auf Ihr Windows-Gerät kommen: Wenn Sie beispielsweise ein Google-Konto angelegt haben, werden die Kontakte dieses Kontos im Rahmen der Synchronisation automatisch auf Ihr Gerät und in die Kontakte-App gebracht. Natürlich können Sie diese auch selber eingeben, und je länger Sie Ihr Windows 10 verwenden, desto mehr Kontakte sammeln sich darauf an.

Konto auswählen

Wählen Sie ein Konto, unter dem ab jetzt Ihre neuen Kontakte gespeichert werden. Sie haben beim Hinzufügen von Kontakten immer die Möglichkeit, ein anderes Konto zu verwenden.

Outlook

Exchange

Googlemail

NEUER KONTAKT GOOGLEMAIL

Foto hinzufügen

Speichern unter

Googlemail

Name

Handy ∨

+ Telefon

NEUER KONTAKT GOOGLEMAIL

Handy ∨

+ Telefon

E-Mail (privat) ∨

+ E-Mail

---

1 Das Anlegen eines neuen Kontaktes wird immer über die Kontaktübersicht durchgeführt. Tippen Sie auf das große +-Zeichen am oberen linken Bildschirmrand.

2 Als Erstes erscheint nun eine Liste Ihrer Konten, in die Sie einen neuen Kontakt eingeben können. Wundern Sie sich nicht: Konten, die von externen Programmen kommen (wie beispielsweise Twitter oder Facebook) erscheinen nicht in der Liste. Bei diesen können Sie die Kontakte nur in dem Programm selbst, nicht aber über die Windows-Kontakte-App eingeben!

3 Nach dem Antippen des zu verwendenden Kontos können Sie nun die entsprechenden Informationen wie Name, Rufnummern, E-Mail-Adressen und vieles mehr eingeben. Achtung bei der Rufnummer: Speichern Sie Nummern unbedingt beginnend mit der internationalen Vorwahl (für Deutschland +49) und ohne führende Null vor der Vorwahl. Gehen Sie davon aus, dass Sie die Kontakte-Konten auch mit Ihrem Smartphone synchronisieren werden. Das hat den Vorteil, dass das Anrufen der Nummer aus der Kontaktkarte sowohl im Inland als auch im Ausland funktioniert. Ohne die Ländervorwahl können Sie einen Kontakt aus dem Ausland nicht direkt anwählen, weil Ihr Smartphone sonst z. B. in den Niederlanden versuchen würde, die Rufnummer im niederländischen Netz (und nicht im deutschen) zu erreichen.

4 Unter dem Standard-Eingabefeld für Telefonnummern, E-Mail-Adressen und Adressen sehen Sie ein kleines +-Symbol. Tippen Sie darauf, um neben dem Namen noch weitere Einträge derselben Kategorie (weitere Rufnummern, Fax, Firmen-E-Mail etc.) einzugeben. Aus dieser Übersicht kommen Sie durch ein Klicken auf den Haken zurück, ein Klick auf das Kreuz am oberen rechten Bildschirmrand verwirft Ihre Eingaben.

5 Speichern Sie den neuen Kontakt nun durch ein Tippen auf das Diskettensymbol am oberen rechten Bildschirmrand.

Kontakte verändern und löschen

1 Auch wenn es unfair ist: Ihre Kontakte ziehen durchaus einmal um, bekommen eine neue Handynummer oder E-Mail-Adresse. Dann müssen Sie zwar den Kontakt nicht komplett neu eingeben, aber immerhin den bestehenden aktualisieren.

2 Suchen Sie dazu den entsprechenden Kontakt wie gewohnt heraus und öffnen Sie ihn. Tippen oder klicken Sie nun auf den kleinen Stift oben rechts auf dem Bildschirm.

3 Sie können jetzt wie bei der Neuanlage neue Informationen hinzufügen oder verändern. Wenn Sie bestehende Felder verändern möchten, tippen Sie diese einfach an und geben die neue Telefonnummer oder Adresse über die Tastatur ein.

4 Speichern Sie den Kontakt über das Diskettensymbol.

5 Um einen Kontakt vollständig zu löschen, tippen oder klicken Sie in der Übersicht der einzelnen Informationen des Kontaktes auf die drei kleinen Punkte oben rechts auf dem Bildschirm, anschließend gehen Sie Löschen.

Verknüpfte Kontakte

Stellen Sie sich vor: Sie haben einen angelegten Kontakt auf Ihrem Smartphone, etwa im Konto „Exchange". Nun schickt Ihnen jemand die erweiterten Kontaktinformationen der Person per E-Mail oder Sie legen die Person erneut auf Ihrem PC an – aber im Konto Google: Verschiedene Kontaktquellen, die aber Informationen zur

selben Person beinhalten. Die Kontakte-App erkennt dies und versucht automatisch, gleiche Kontakte zu einer Kontaktkarte zusammenzufassen.

Einen verknüpften Kontakt erkennen Sie daran, dass in der Übersicht, in der die Informationen aller Konten angezeigt werden, am unteren Bildschirmrand in der Mitte ein Kettensymbol mit einer kleinen Zahl darin erscheint.

Diese Zahl zeigt an, aus wie vielen verschiedenen Konten der Kontakt zusammengesetzt ist. Tippen Sie einfach darauf, dann bekommen Sie eine detaillierte Übersicht.

Trennen der Verknüpfung von Kontakten

1 Windows 10 ist nicht unfehlbar, und so kann es sein, dass es versehentlich die Kontaktkarten zweier unterschiedlicher Personen zu einer zusammengefasst hat. Das ist aber kein Problem: Tippen Sie für diesen Fall einfach in dieser detaillierten Übersicht das Konto an, für das Sie eine separate Kontaktkarte haben möchten

2 Auf die Nachfrage Ihres Gerätes bestätigen Sie: Trennen. Schon haben Sie zwei separate Visitenkarten, an deren Inhalten nichts verändert wurde.

Manuelles Verknüpfen von Kontakten

1 Natürlich gibt es auch den anderen Fall: Ihr Windows Phone hat nicht erkannt, dass zwei Kontaktkarten zu einem Kontakt gehören, vielleicht weil der eine mit Spitznamen bezeichnet war. Tippen Sie für diesen Fall auf das Kettensymbol unten auf dem Bildschirm (in dem sich dann keine Zahl befindet) und anschließend auf Kontakt zum Verknüpfen.

2 Jetzt können Sie wie gewohnt einen Ihrer Kontakte heraussuchen. Wenn Sie ihn antippen, dann wird er mit dem vorher aufgerufenen verknüpft.

Sortierung der Kontakte

Normalerweise geben Sie Kontakte in der Reihenfolge „Nachname, Vorname" ein. Manche Unternehmen sind da ein wenig anders gestrickt. Vielleicht wollen auch Sie selbst Ihre Freunde so nicht sortieren und stellen den Vornamen an den Anfang. In der Folge werden Sie auch eher nach dem Vornamen eines Kontaktes suchen. Sie haben die Möglichkeit, die Auflistung der Kontakte dahingehend zu verändern: Klicken Sie in der Kontaktliste auf die drei Punkte oben rechts, dann auf Einstellungen.

► **Kontaktliste sortieren nach:** Sortiert die Kontaktliste nach dem Vor- oder Nachnamen – abhängig davon, was Sie auswählen.

► **Namen wie folgt anzeigen:** Ändert nicht die Sortierung der Liste, sondern gibt Ihnen die Auswahl, den Vor- oder Nachnamen als Erstes (und den jeweils anderen als Zweites) anzeigen zu lassen.

Mail: E-Mails und Nachrichten

Eine E-Mail-Adresse können Sie sich vorstellen wie einen Codeschlüssel in einem riesigen Postverteilungssystem. Bei Versand einer E-Mail etwa an worldofppc@outlook.de wird zuerst nachgeschaut, bei welchem Postamt das Postfach liegt. Das ist der E-Mail-Dienst, hier Outlook. Erst anschließend wird geprüft, an welchen Benutzer bei Outlook die Mail gehen soll. Während auf einem Smartphone Kurznachrichten (SMS) oder Kommunikationsdienste wie WhatsApp, Threema und andere genutzt werden, ist auf PC und Tablet die gute alte E-Mail als Kommunikationskanal immer noch Standard.

Mit Ihrem Microsoft-Konto haben Sie bereits eine eigene E-Mail-Adresse, aber natürlich können Sie auch weitere Konten in Windows einrichten und benutzen.

Wichtig dabei: E-Mail, Kontakte und Kalender sind drei Anwendungen, die in einer einzigen App im Windows Store zusammengeführt sind. Genau wie alle anderen Apps wird auch die Mail-App regelmäßig aktualisiert. Da sie bei der Einrichtung eines neuen Kontos versucht, so viele Einstellungen wie möglich automatisch vorzunehmen, muss sie aktuell sein. Aus diesem Grund suchen Sie auf jeden Fall vor dem Start der Konfiguration im Windows Store unter Ihrem Kontobild und Downloads und Updates nach Updates, um ein möglicherweise vorliegendes Update installieren zu können.

Ein Standard-E-Mail-Konto einrichten

Ihr allererstes E-Mail-Konto haben Sie ja bereits auf Ihrem Rechner eingerichtet, wenn Sie ein Microsoft-Konto nutzen. Sollten Sie dieses bei der Ersteinrichtung bereits auf Ihrem Gerät eingerichtet haben, dann müssen Sie dies hier natürlich nicht wiederholen. Sie können aber jederzeit ein weiteres Microsoft-Konto anlegen. Dieses allerdings hat dann nicht die Sonderfunktionen für Einkäufe, die Identifikation Ihres Gerätes etc. Denkbar ist auch, dass Sie zusätzlich ein E-Mail-Konto bei einem anderen Anbieter besitzen, unter dem Sie mit den meisten Leuten kommunizieren. Dann ist es natürlich sinnvoll, dieses auch gleich auf Ihren Rechner zu bringen.

1 Um auf Ihrem Gerät ein neues Konto einzurichten, tippen Sie in der Programmliste auf das Symbol für Mail.

2 Die E-Mail-App zeigt ihnen nun eine Liste der konfigurierten Konten an. Wenn Sie ein neues hinzufügen möchten, klicken Sie auf Konto hinzufügen, sonst auf Bereit. Übrigens: Wenn Sie diesen Vorgang später noch einmal durchführen möchten, klicken Sie auf das klei-

ne Zahrad unten links in der E-Mail-App, dann auf Konten und zuletzt auf Konto hinzufügen.

3 In der sich nun öffnenden Liste finden Sie eine Vielzahl von E-Mail-Anbietern. Sollte das Postfach, dass Sie hier anlegen möchten, zu einem dieser Anbieter gehören, tippen Sie dessen Eintrag einfach an. Für diese Anbieter ist schon genau hinterlegt, welche Einstellungen die E-Mail App für den Versand und dem Empfang von E-Mails benötigt. Im Beispiel wird Google verwendet.

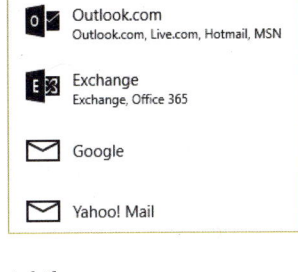

4 Geben Sie nur Ihren Benutzernamen (in diesem Beispiel Ihren Google-Kontonamen) und das zugehörige Kennwort ein und gehen Sie danach auf Anmelden.

5 Die Verbindung zu Ihrem E-Mail-Postfach wird aufgebaut und bei korrekt eingegebenen Daten das Postfach auch direkt angelegt, sodass Sie es ab sofort nutzen können.

Anlegen eines benutzerdefinierten Kontos

1 Falls Sie Ihren persönlichen E-Mail-Anbieter nicht in der Liste der angebotenen in der E-Mail-App finden, werfen Sie die Flinte nicht ins Korn! Tippen Sie stattdessen unten in der Liste auf Anderes Konto.

2 Auf den ersten Blick sieht der nun folgende Bildschirm nicht anders aus als bei einem bekannten E-Mail-Dienst. Geben Sie wieder Ihren Benutzernamen (in diesem Fall ist das die E-Mail-Adresse) und das zugehörige Kennwort ein und tippen Sie auf Anmelden.

3 Windows versucht jetzt anhand des E-Mail-Diensts als Teil der eingegebenen E-Mail-Adresse manuell das zugehörige virtuelle Postamt zu erkennen. Eine Anfrage über die benötigten Daten wird verschickt, um E-Mails abzuholen und zu versenden. In den allermeisten Fällen gelingt das und Sie gelangen automatisch in die Übersicht Ihrer E-Mail-Konten.

Anderes Konto
E-Mail-Adresse

jemand@example.com

Kennwort

Diese Informationen werden gespeichert,
jedes Mal anmelden müssen.

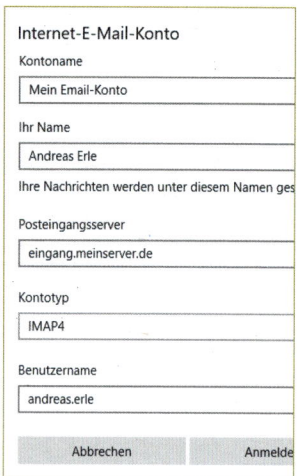

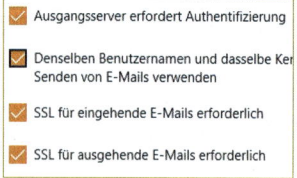

Einrichtung bei speziellen E-Mail-Diensten

1   Nun kommt es vor, dass Sie zum Beispiel eine eigene Webseite haben, die eine eigene Adresse und auch eine zugehörige E-Mail-Adresse hat. Die zugehörigen Einstellungen zum Abruf und Versenden von E-Mails können dann natürlich meist nicht automatisch erkannt werden, darum muss die Mail-App nachfragen. Kontrollieren Sie die eingegebenen Informationen noch einmal, dann tippen Sie auf „Versuchen Sie es noch einmal".

2   Nach dem zweiten fehlgeschlagenen Versuch herrscht insoweit Einigkeit, dass Sie sich mit Ihrer Eingabe sicher sind und die Mail-App dazu definitiv keine Einstellungen finden kann. Darum erscheint unten auf dem Bildschirm die Schaltfläche Erweitert, die Sie dann anklicken müssen.

3   Hier benötigen Sie jetzt kurzfristige Schützenhilfe: Fragen Sie Ihren E-Mail- bzw. Webseitenanbieter, welche Art von Konto er für Sie eingerichtet hat, und lassen Sie sich alle Daten von Ihm geben. Das sind vor allem: Eingangs- und Ausgangsserver, Kontotyp (IMAP oder POP) sowie die Informationen zur Absicherung des Mailversands durch Authentifizierung und Verschlüsselung durch SSL. Kurz: technische Informationen, die Ihr Rechner bei den anderen E-Mail-Anbietern automatisch abfragen konnte, die Sie aber jetzt manuell eingeben müssen.

4   Nachdem Sie diese eingegeben haben, tippen Sie wieder auf Anmelden. Sie sollten mit dem neuen E-Mail-Konto nun zurück in die Übersichtsseite kommen. Bekommen Sie trotz alledem eine Fehlermeldung, kontrollieren Sie noch einmal Ihre Eingaben. Notfalls müssen Sie nochmals beim Kundenservice Ihres E-Mail-Anbieters nachfragen.

Einstellungen beim E-Mail-Konto: Abrufhäufigkeit festlegen

Nachdem die Anmeldung an das E-Mail-Konto einmal erfolgreich war, haben Sie mit diesen ganzen technischen Informationen nichts mehr zu tun. Allerdings gibt es noch so das eine oder andere einzustellen. Haben Sie sich bei Ihrem Postboten aus Fleisch und Blut nicht schon mal gewünscht, ihm einfach sagen zu können, wann der die Post bringt, wie oft, und dass er auch gleich Ihre Post mitnehmen soll? Ein E-Mail-Postfach ist da viel flexibler!

1 Wechseln Sie in der Mail-App über das Zahnradsymbol unten links in die Einstellungen.

2 Gehen Sie nun auf Konten und wählen Sie in die Liste der E-Mail-Postfächer das an, dessen Einstellungen Sie verändern möchten. Anschließend wählen Sie Synchronisierungseinstellungen für Postfach ändern. Für jedes Postfach sehen die zur Verfügung stehenden Einstellmöglichkeiten leicht anders aus, die Kerninformationen sind aber überall die selben: Sofort oder in Zeitintervallen. „Nie" bedeutet, dass nur Sie manuell abrufen.

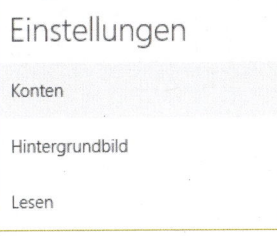

Eine wichtige Entscheidung steht Ihnen bevor: Wie oft wollen Sie E-Mails abfragen? Bevor Sie jetzt sagen, dass Ihnen das herzlich egal ist, solange die nur ankommen, wägen Sie zwischen folgenden drei Aspekten ab:

▶ **Stromverbrauch:** Je häufiger E-Mails abgefragt werden (oder andere Informationen wie beispielsweise die Wettervorhersage), desto häufiger muss Ihr Gerät Daten aus dem Internet abfragen. Das kostet Strom. Wenn Sie also nur alle Jubeljahre E-Mails bekommen und auf diese nicht innerhalb weniger Minuten reagieren müssen, stellen Sie bei dem Menü Neue Inhalte herunterladen ein größeres Zeitintervall ein, z. B. stündlich oder täglich.

▶ **Eile:** Wenn Sie stattdessen so schnell wie möglich Ihre E-Mails zugestellt haben möchten, stellen Sie an dieser Stelle Bei Eintreffen ein. Damit haben Sie quasi die Express-Zustellung gebucht, die Sie – außer Akkukapazität – nichts zusätzlich kostet. Bei dieser auch „Push-E-Mail" genannten Funktionalität kommt die E-Mail auf Ihr Gerät, sobald sie im Postamt in Ihr Postfach gelegt wird.

▶ **Ablenkung:** So schön es ist, immer und überall auf dem Laufenden gehalten zu werden – es lenkt ab. Durch die kurzzeitigen Rhythmen bis hin zur Push-E-Mail arbeiten Menschen laut Untersuchungen deutlich unkonzentrierter und damit ineffizienter. Manche Anwender gehen gar dazu über, dass sie ihre E-Mails immer nur manuell abfragen, um nicht mehr gestört zu werden.

Einstellungen beim E-Mail-Konto: Art und Menge der abgefragten Elemente festlegen

1 Einige Konten (wie das Outlook-Konto, Google, Exchange, Office 365 und andere) bieten die Möglichkeit, nicht nur E-Mails, sondern auch andere Elementtypen wie Kontakte, Termine und/oder Aufgaben synchron zu halten. In der Übersicht bei den Synchronisierungseinstellungen können Sie dies und den Umfang dessen ebenfalls festlegen.

2 Setzen oder entfernen Sie einfach bei jedem Elementtyp durch Tippen den Haken neben seinem Eintrag, wenn dieser Typ synchronisiert werden soll, beziehungsweise entfernen Sie ihn, wenn er eben nicht mit Ihrem Gerät abgeglichen werden soll. Einmal mehr eine Ausnahme: Bei Ihrem Microsoft-Konto lassen sich diese Einstellungen nicht verändern, das hat Microsoft so festgelegt.

Einstellungen beim E-Mail-Konto: Alter der E-Mails

Je nachdem, wie Sie Ihr Postfach sortieren, können sich darin auch Wochen und Monate alte E-Mails finden. Meist brauchen Sie unterwegs aber nur die jeweils aktuellen, die Ihrer schnellen Reaktion bedürfen. Dies regeln Sie in der gleichlautenden Einstellung.

1 Gehen Sie auf E-Mail herunterladen von und dann auf den gewünschten Zeitraum: die letzten sieben Tage, 2 Wochen oder des letzten Monats.

2 Wenn Sie hier gar keine Einschränkung treffen wollen, wählen Sie einfach Jedem Zeitraum. Eine Einschränkung macht hier eigentlich nur aus Übersichts-Gründen Sinn.

| der letzten 3 Tage |
| der letzten 7 Tage |
| der letzten 2 Wochen |
| des letzten Monats |
| jedem Zeitraum |

Einstellen der Signatur

Eine so winzige Einstellung, die so viel Arbeit abnehmen kann: Als höflicher Mensch schließen Sie jede E-Mail mit einer freundlichen Abschlussformel wie „Mit freundlichen Grüßen, Andreas Erle" ab. Wenn diese bei den meisten E-Mails gleich ist, dann ist das manuelle Eintippen reine Zeitverschwendung. Dafür gibt es die sogenannte Signatur: Diese wird jedes Mal automatisch unter Ihre E-Mail gesetzt, ohne dass Sie etwas tun müssen.

1 Um sie einzurichten, wechseln Sie in die Einstellungen der E-Mail-App und gehen dort auf Optionen.

2 In der Mitte dieses Einstellungsbildschirmes finden Sie einen Schalter, mit dem Sie die automatische Verwendung der Signatur ein- und ausschalten können. Im Feld darunter können Sie durch Antippen über die Tastatur Ihre gewünschte Signatur eingeben. Solange der Schalter darüber eingeschaltet ist, wird diese in jede neue E-Mail und in jede Antwort eingefügt.

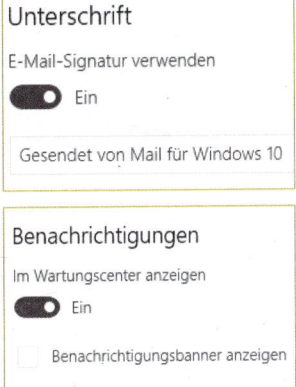

Im selben Einstellungsdialog können Sie übrigens auch noch einstellen, wie Sie über neue E-Mails benachrichtigt werden möchten. Sollen diese im Benachrichtigungscenter angezeigt werden? Soll ein Benachrichtigungsbanner angezeigt werden und ein Sound wiedergegeben werden? Alles eine Frage Ihrer persönlichen Vorlieben.

Versenden einer neuen E-Mail

Nach so viel Einrichtung und Theorie soll es jetzt endlich losgehen: Schreiben Sie Ihre erste E-Mail vom neuen Windows aus!

1 Oben links im Posteingang finden Sie ein kleines +-Zeichen als Sinnbild für das Hinzufügen einer neuen E-Mail. Tippen Sie darauf.

2 Zuoberst sehen Sie das Eingabefeld für den Empfänger der E-Mail („An:"). Tippen Sie dort einfach die E-Mail-Adresse ein. Wenn Sie schon einen Kontakt angelegt haben, der diese E-Mail-Adresse enthält, können Sie auch einfach den Anfang des Namens eingeben und in der sich aufbauenden Auswahlliste auf die richtige E-Mail-Adresse tippen. Angezeigt wird allerdings dann nur der Name, nicht die E-Mail-Adresse.

3 Um zusätzliche Adressatentypen verwenden zu können, klicken Sie rechts vom An:-Feld auf Cc und Bcc. Während Personen, deren E-Mail-Adresse im An:-Feld steht, reagieren müssen, gilt dies nicht für die Empfänger im Cc: (für Carbon Copy (Kohlepaper-)Kopie). Sie bekommen die E-Mail nur in Kopie, zur Kenntnis. Empfänger in Bcc: (Blind Carbon Copy, Blindkopie) bekommen eine Kopie, ohne dass die anderen Empfänger dies mitbekommen.

4 Darunter finden Sie die Betreff:-Zeile. Verwenden Sie etwas Knackiges, dass den Inhalt zusammenfasst, denn dies wird dem Empfänger im Posteingang zuerst angezeigt. „Hallo" ist da weniger aussagekräftig als „Essen am Mittwoch".

5 Geben Sie nun im großen Feld den Inhalt der E-Mail ein. Abschließend klicken Sie auf Senden oben rechts, um die E-Mail zu verschicken. Wenn Sie zuvor Zweifel packen und Sie die E-Mail lieber doch nicht versenden möchten, können Sie diese durch ein Klicken auf Verwerfen abbrechen oder sie speichern für spätere Bearbeitung.

Formatierungen

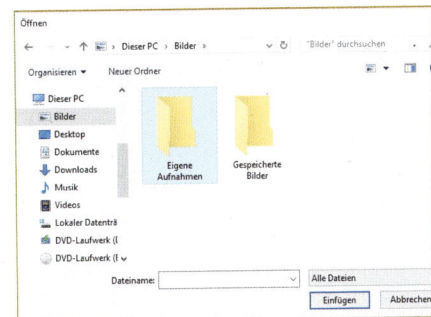

Der große Vorteil an der Vereinheitlichung der Windows-Programme ist die Tatsache, dass sie sehr ähnlich aussehen. Kennen Sie eines, kennen Sie (fast) alle. Und so ist das Formatieren einer E-Mail und das Einfügen von Anhängen nichts anderes als das, was Sie in einem Word-Dokument machen (siehe „Microsoft Word Mobile", S. 161).

Empfangen von E-Mails

Im Normalfall haben Sie Ihr E-Mail-Postfach so eingerichtet, dass die E-Mails automatisch abgeholt werden. Nun kann es sein, das Ihnen gerade am Telefon jemand sagte: „Habe ich dir gerade per E-Mail geschickt" oder Sie einfach nur außerplanmäßig die Neugier zwickt. Dann tippen oder klicken Sie einfach im Posteingang oben auf das Symbol mit den beiden halbrunden Pfeilen. Die E-Mail-Abfrage wird gestartet, was Sie an den laufenden Punkten unter dem

Text Posteingang am oberen Bildschirmrand erkennen können.

Schon sind alle aktuellen E-Mails auf Ihrem Gerät. Neue, „ungelesene" E-Mails werden Ihnen dadurch im Posteingang kenntlich gemacht, dass ihre Betreff-Zeile am linken Rand eine blaue Markierung hat.

Um eine E-Mail zu öffnen, klicken Sie sie einfach an.

E-Mail-Anhänge

Wenn eine E-Mail einen oder mehrere Anhänge enthält, erkennen Sie dies auf den ersten Blick nur als grauen Kasten, unter dem klein der Dateityp (etwa .pdf) und die Größe (im Beispiel 427 KB) steht.

Anhänge werden nie automatisch heruntergeladen, nicht zuletzt aus Sicherheitsgründen.

Tippen oder klicken Sie auf diesen grauen Kasten, um den Anhang herunterzuladen. Dann ist er in der E-Mail sichtbar. Wenn Sie ihn noch einmal antippen, wird er im zugeordneten Standardprogramm in Windows geöffnet.

Beantworten von E-Mails

Die E-Mail ist kein Einwegmedium, sondern darauf ausgelegt, eine Unterhaltung aufzubauen. Wenn Sie nun eine E-Mail empfangen haben, werden Sie meist auch darauf reagieren wollen.

Öffnen Sie die E-Mail, die Sie beantworten möchten aus dem Posteingang. Sie haben nun drei Möglichkeiten, die E-Mail weiterzubearbeiten:

▶ **Tippen Sie auf Antworten,** um nur direkt an den Absender der ursprünglichen E-Mail zu antworten.

▶ **Tippen Sie stattdessen auf Allen antworten,** bekommt nicht nur der Absender, sondern auch alle anderen eventuell in der An:- und Cc:- Zeile aufgeführten Empfänger Ihre Antwort. Dies sollten Sie mit Bedacht einsetzen: Nicht selten kommt es vor, dass durch ein Tippen auf Allen antworten ein scherzhaft gemeinter Kommentar an den Absender plötzlich und ungewollt größere Kreise zieht.

▶ **Ein Tippen auf Weiterleiten** schließlich nimmt die Ursprungs-E-Mail und hängt sie an eine neue E-Mail an. Diese Funktion ist hilfreich, wenn Sie beispielsweise nicht der richtige Adressat der Anfrage waren oder noch jemand anderen in das „Gespräch" mit aufnehmen möchten.

Die neue E-Mail, die die weitergeleitete enthält, kann jetzt wieder ganz normal geschrieben und versendet werden.

Videotelefonie mit Skype

Auch wenn Ihr Windows-PC natürlich kein Telefon ist, können Sie trotzdem damit telefonieren, sogar mit Bild: Vor einiger Zeit ist der Internet-Videotelefoniedienst Skype in die Microsoftwelt integriert worden und steht Ihnen in Windows 10 quasi standardmäßig zur Verfügung. Allerdings ist die App nicht vorinstalliert, sondern muss separat heruntergeladen werden. Tippen Sie dazu unter Alle Apps auf Skype herunterladen und folgen Sie den Anweisungen auf dem Bildschirm.

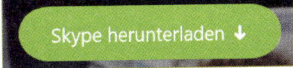

Skype einrichten

1 Starten Sie Skype aus der Programmliste oder dem Kachelbildschirm, indem auf das kleine blaue „S" klicken. Beim ersten Start müssen Sie auswählen, mit welchem Konto Sie sich bei Skype anmelden wollen. Im Normalfall verwenden Sie einmal mehr Ihr Microsoft-Konto. Nur, wenn Sie bereits seit grauer Vorzeit Skype benutzen und noch eine separaten Skype-Namen haben, wählen Sie diese Option.

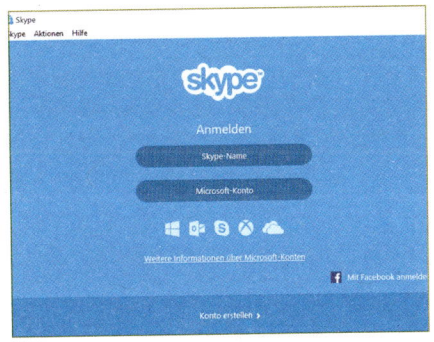

2 Im nächsten Schritt fragt Skype nun die Webcam und das Mikrofon Ihres Gerätes ab, um sicherzustellen, dass diese beiden Hardwarekomponenten funktionieren und für die (Video-)Telefonie nutzbar sind. Sollten Sie beim ersten Mal zu schnell gewesen sein, können Sie diesen Vorgang auch später noch über Einstellungen, Videoeinstellungen bzw. Audioeinstellungen starten.

3 Sie bekommen nun auf den ersten Blick alle Ihre Kontakte angezeigt, die Sie in den verschiedenen Microsoft-Diensten gesammelt haben.

Textnachrichten über Skype verschicken

1 Für Videotelefonie bekannt, kann man über Skype natürlich auch simple Textnachrichten verschicken. Dafür wählen Sie einen Ihrer Kontakte in Ihren Favoriten oder suchen per gleichnamiger Schaltfläche einen neuen Kontakt, indem Sie seinem Namen eingeben. Wählen Sie den gewünschten Namen in der Ergebnisliste der Suche für einen neuen Chat an.

2 Es öffnet sich ein leeres Fenster, in dem Sie wie bei einer SMS unten ein kleines Eingabefenster haben, in das Sie den Text Ihrer Nachricht eingeben können. Sobald Ihr Gegenüber ebenfalls mit dem Dienst verbunden ist, kann er Ihnen antworten und eine Unterhaltung entwickelt sich.

3 Eine Unterhaltung müssen Sie im Gegensatz zu einem Telefonat nicht beenden, sondern können einfach zu einem anderen Programm oder dem Startbildschirm zurückkehren. Die Nachrichten werden gespeichert und auch im Hintergrund empfangen.

Telefonate und Videotelefonate mit Skype

Viel interessanter ist es, wenn Sie stattdessen ein Telefonat führen oder gar eine Videokonferenz durchführen. Diese Verbindungen sind – bis auf die reinen Leitungskosten, falls Sie unterwegs eine mobile Internetverbindung nutzen – kostenlos, wenn beide Teilnehmer ein Skype-Konto haben.

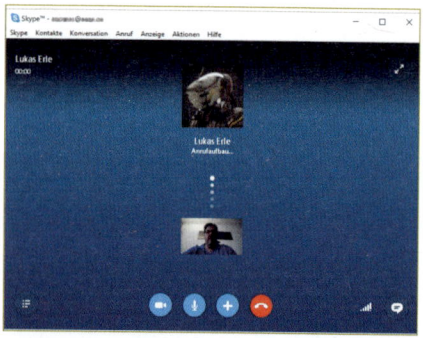

1 Verfahren Sie zunächst so wie bei einer Textnachricht.

2 Tippen Sie nun im Gesprächsfenster auf das kleine Telefonsymbol – wenn Sie eine reine Sprachverbindung aufbauen möchten – oder anderenfalls auf die Kamera, um eine Videoverbindung mit Ton herzustellen.

3 Während des Verbindungsaufbaus zeigt Skype eine laufende Verbindungslinie zwischen den Bildern der Gesprächspartner in der Bildschirmmitte an, denn anders als bei den Nachrichten muss Ihr Gesprächspartner ja erreichbar sein und das Gespräch annehmen.

4 Sobald dieser den virtuellen Hörer abgehoben hat, sehen Sie bei einem Videoanruf nur Ihr eigenes Bild, bis der Gesprächspartner selbst ebenfalls seine Kamera freigegeben hat (und dazu in seinem Skype auf das Kamera-Symbol getippt hat).

5 Danach ist das Bild Ihres Gesprächspartners groß zu sehen, Ihr eigenes Konterfei in einem kleinen, viereckigen Rahmen darin eingebettet. Letzteres gibt Ihnen die Möglichkeit, unter Kontrolle zu halten, was der Gesprächspartner von Ihnen sieht.

6 Während des Gespräches können Sie durch ein Tippen auf die Kamera- bzw. die Mikrofontaste unten am Bildschirmrand das Videobild, das von Ihnen übertragen wird oder Ihr Mikrofon ausschalten. Ist die Verbindung sehr stockend, kann das an einer schlechten Internetverbindung liegen – ohne Bildübertragung könnte sich dann die Sprachqualität verbessern, da weniger Daten übertragen werden müssen.

7 Wenn Sie das Gespräch beenden wollen, tippen oder klicken Sie auf die rote Hörertaste.

Echte Telefonate mit Skype

Ein weiterer, allerdings kostenpflichtiger Service von Skype nennt sich „SkypeOut". Dieser ermöglicht es, für einen Bruchteil der „echten" Telefongebühren von einem Gerät mit Skype ins normale Telefonnetz zu gehen. Auch hier wieder die einzige Voraussetzung: Eine Datenverbindung muss zur Verfügung stehen. Diese Funktion ist vor allem interessant, wenn Sie sich im Ausland befinden und die Telefongebühren immens hoch wären, Sie aber mit einem Tablet oder Notebook eine vorhandene WLAN-Verbindung nutzen können und damit zu sehr geringen Raten über Ihren PC telefonieren können. Dabei empfiehlt es sich natürlich, ein Headset (die Kombination aus Kopfhörer und Mikrofon) zu verwenden.

Um diese Funktion nutzen zu können, müssen Sie auf der Skype-Webseite Guthaben auf Ihr Konto laden. Folgen Sie dazu den Anweisungen auf http://www.skype.com/de/rates/.

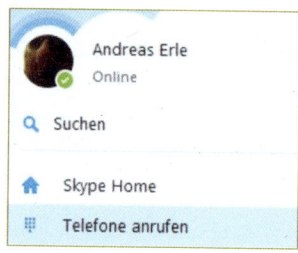

Auf Ihrem PC starten Sie Skype, dann tippen Sie auf das kleine Hörersymbol unter der Kontaktliste. Schon öffnet sich eine Wähltastatur, über die Sie die (internationale) Rufnummer Ihres gewünschten Gesprächspartners eingeben können. Das Telefonat starten Sie über die grüne Hörertaste – und beenden es später über die rote Hörertaste. Ihr aktuelles Guthaben können Sie im Skype-Bildschirm neben Ihrem Namen sehen.

OneDrive:
Die Daten in der Cloud

Die Überschrift verrät es schon: Microsoft OneDrive ist ein Online-Speicher, der Ihre Daten nicht lokal, sondern in der Cloud speichert. Ist das sicher? Das Thema Datenschutz wurde in diesem Buch schon an verschiedenen Stellen angeschnitten, und die Verwendung des Online-Speichers OneDrive ist sicherlich ein Bereich, der ebenfalls davon betroffen ist. Ob Sie nun ein Microsoft-Konto oder ein Office-365-Abonnement verwenden: Das OneDrive ist ein Bestandteil davon und kann nicht „deinstalliert werden".

Es bleibt Ihnen aber sehr wohl überlassen, wie Sie das OneDrive nutzen. Die Risiken, die die Speicherung von Informationen in der

Cloud bedeutet, sind aber für die großen Online-Dienste, sei es Dropbox, Google, Amazon und viele mehr, nahezu identisch.

OneDrive als Speicherort

OneDrive wird von vielen Windows-10-Funktionen bereits im Standard verwendet: Sobald Sie in den Einstellungen Ihres Systems unter Synchronisation einen Haken bei einer der Optionen gesetzt haben, wird das OneDrive im Hintergrund als Zwischenstation genutzt, auf die die Daten gesichert und von der sie gelesen und auf ein anderes Gerät gebracht werden. Dies können Sie nur ausschließen, wenn Sie die Synchronisation komplett ausschalten.

Konten
Ihr Konto,
Synchronisierungseinste
llungen, Arbeitsplatz,

Ebenso nutzen viele Apps das OneDrive, um Einstellungen und Daten abzulegen, die Sie während der Nutzung der App erzeugt haben. Wenn Sie mehrere Geräte verwenden oder eines neu einrichten – d.h. keine lokal gespeicherten Daten verfügbar sind –, können diese Apps über OneDrive auf die Daten zugreifen. Dies finden Sie in den Informationen zu den Apps, die Sie im Windows Store herunterladen, allerdings nur verklausuliert, hinter „Zugriff auf Ihre Internetverbindung".

Installation Installieren Sie diese App auf bis zu 10 Windows 10-Geräten.

Diese App ist berechtigt, Folgendes zu verwenden
• Zugriff auf Ihre Internetverbindung

Unterstützte Sprachen
Englisch (Vereinigte Staaten)

Die Synchronisation von OneDrive mit dem lokalen PC

Ein Online-Speicher trägt in seinem Namen schon die Einschränkung, der seine Nutzung unterliegt: Ist Ihr PC nicht mit dem Internet verbunden, stehen Ihnen die Daten, die auf dem OneDrive liegen, nicht zur Verfügung.

Um dieses Problem in den Griff zu bekommen, bietet Windows 10 Ihnen die Synchronisation von Daten vom OneDrive auf Ihren PC an. Allerdings gibt es eine Einschränkung: Es werden derzeit nur die lokalen, fest eingebauten Laufwerke wie Festplatten und SSD-Festplatten als Synchronisationsziel akzeptiert, nicht aber die bei Notebooks und Tablets verbreiteten SD-Karten, die als Wechseldatenträger erkannt werden.

Auch wenn Sie manche „Hinweise" Ihres Rechner ignorieren wollen, bei OneDrive ist er renitent: Solange Sie die Einrichtung der Synchronisation mit OneDrive nicht vornehmen, werden Sie bei jedem Startvorgang erneut darauf angesprochen. Darum: Starten Sie einmal die Konfiguration und wählen Sie, falls Sie keine Daten vom OneDrive auf Ihren Rechner und vice versa übertragen möchten, einfach keinen Ordner aus.

Was ist nun die vielbeschworene „Synchronisation"? Stellen Sie sich das ganz einfach so vor: Sie haben zwei Aktenlager, von denen Sie möchten, dass sie beide dieselben Informationen haben. Zu diesem Zweck stellen Sie einen Büroboten ein, der immer ein aktuelles Verzeichnis der Akten dabeihat. In diesem Verzeichnis ist nicht nur aufgeführt, welche Akten sich darin befinden, sondern auch, wann die jeweilige Akte das letzte Mal verändert wurde.

Der Bote fährt nun kontinuierlich zwischen den beiden Lagern hin und her und kontrolliert jede einzelne Akte: Akten, die in dem einen Lager nicht vorhanden sind, werden aus dem anderen kopiert und eingestellt. Akten, die wieder in dem anderen Lager aktueller sind, werden in der aktuellsten Version kopiert und in das erste gebracht. Kurz: Beide Lager (in unserem Fall das OneDrive und der Ordner auf dem PC) werden beide immer auf dem gleichen aktuellen Stand gehalten.

Ihr OneDrive-Ordner befindet sich hier: C:\Users\SAErle\OneDrive   [Ändern] [Weiter]

1 Als Erstes müssen Sie sich bei der OneDrive-App mit den Zugangsdaten Ihres Microsoft-Kontos anmelden. Sie bekommen nun den Standard-Ordner, in dem die Dateien zum und vom OneDive gespeichert würden, angezeigt. Wenn Sie diesen ändern wollen, klicken Sie auf Ändern und wählen den gewünschten Ordner aus. Andernfalls klicken Sie auf Weiter.

2 Als Nächstes bekommen Sie eine Liste der Ordner auf Ihrem OneDrive angezeigt und können entweder wählen, dass Sie „Alle Dateien und Ordner auf OneDrive synchronisieren" wollen oder einzelne Ordner an- bzw. abwählen. Wenn Sie auf einem stationären PC eine große Festplatte zur Verfügung haben, ist eine komplette Synchronisation sinnvoll. Wenn Sie nur den kleinen Festspeicher eines Tablets zur Verfügung

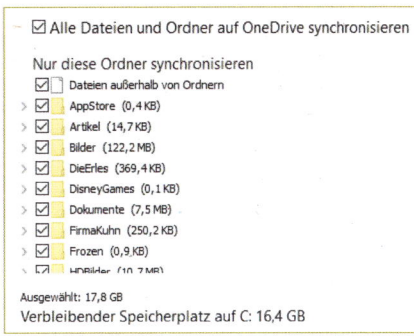

haben, sollten Sie vielleicht nur Ihre Dokumente und andere Ihnen wichtige Ordner auswählen. In jeden Fall zeigt Ihnen Windows unter Ihrer Auswahl, wie viel Platz aktuell nach dem Synchronisieren der Dateien vom OneDrive auf Ihrem ausgewählten lokalen Laufwerk noch frei bliebe.

3 Ein Klick auf Weiter startet die Synchronisation. Abhängig von der Datenmenge dauert das vor allem beim ersten Mal ein wenig.

4 Im Windows Explorer finden Sie nun einen zusätzlichen Eintrag für das OneDrive.

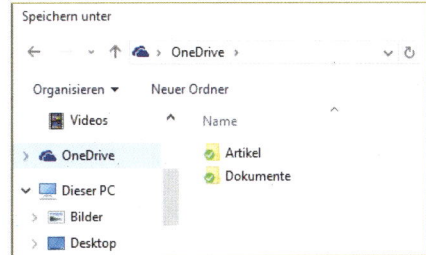

Speichern von Dokumenten auf dem OneDrive

Standardmäßig nimmt Windows das OneDrive-Verzeichnis in die Bibliotheken auf, das Verzeichnis der Datenverzeichnisse. Alle Dateien, die Sie in diesen virtuellen Ordner speichern, werden automatisch auf das OneDrive übertragen, also hochgeladen. Wenn Sie unterwegs vom Tablet aus in diesen Ordner neue oder geänderte Dateien speichern, werden diese ebenfalls hochgeladen und bei nächster Gelegenheit auf Ihren Rechner kopiert und synchronisiert.

Die Touch-Versionen von Office speichern im Standard sogar direkt auf dem OneDrive (siehe „Microsoft Office: starten, ..." S. 159).

Für Office-365-Anwender: OneDrive for Business

Auch wenn beide Bezeichnungen sehr ähnlich sind, bedeuten sie doch einen signifikanten Unterschied in der Anwendung. Das „einfache" OneDrive ist Teil eines jeden Microsoft-Kontos und somit auch in Windows 10 fest integriert. Schon beim ersten Systemstart sehen Sie das OneDrive-Logo auf dem Bildschirm und werden immer wieder aufgefordert, die Synchronisation einzurichten.

Wenn Sie zusätzlich ein Office-365-Abonnement nutzen, haben Sie ein „OneDrive for Business" als Online-Speicher zusätzlich zur Verfügung. Dieses funktioniert ähnlich, ist aber nicht über die

Bordmittel von Windows 10 zu koppeln. Stattdessen gehen Sie über den Internetbrowser zu http://portal.office365.com, melden sich mit den Zugangsdaten zu Office 365 an, wechseln auf das OneDrive und klicken dort auf Synchronisieren.

Folgen Sie dann den Anweisungen auf dem Bildschirm, um die Synchronisation der gewünschten Dateien einzurichten. Im Windows Explorer finden Sie danach zwei Einträge: Einen „OneDrive" und einen zusätzlichen „OneDrive for Business".

Cortana: Ihre persönliche Assistentin

Mit der letzten Version von Windows Phone 8.1 hat Microsoft eine Neuerung auf seine Smartphones gebracht, die für einiges Aufsehen gesorgt hat: Cortana, eine Sprachassistentin, die in direkter Konkurrenz zu Apples Siri steht. Mit Windows 10 ist sie nun auch auf Desktop-PCs und Notebooks verfügbar. Cortana ist nicht separat als App zu installieren, sondern ist ein Teil des Betriebssystems.

Cortana und Datenschutz

Die Nutzung von Cortana ist eine weitere Gelegenheit, sich über das Thema Datenschutz Gedanken zu machen. Sehen Sie Cortana als ihre persönliche Assistentin, die Sie etwa an Dinge erinnert oder Ihnen Neuigkeiten vorlegt, von denen sie weiß, dass Sie Interesse daran haben, kurz: Die Sie in- und auswendig kennt. Dieses „in- und auswendig Kennen" ist aber genau der Punkt, der pozentiell kritisch ist: Einer Assistentin aus Fleisch und Blut überlassen Sie Ihre Termine, erzählen Sie Ihre Vorlieben und lassen die ein oder andere persönliche Information fallen, die sie sich merkt. Das kann alles nur funktionieren, wenn Sie ihr vertrauen. Kann man einem digitalen Service vertrauen?

Cortana muss, damit sie funktionieren kann, auf Ihrem Rechner Zugang zu allerlei Informationen haben, Daten während des Betriebs sammeln und auswerten. Und da Ihr Rechner nicht belastet werden soll und viele Informationen aus dem Internet bezogen werden, werden Teile der gesammelten Informationen auf Microsoft-Servern gespeichert. Entscheiden Sie für sich selbst, ob Sie Ihre Funktionen in Anspruch nehmen wollen oder ob Ihnen dabei unwohl ist. Sie haben drei Varianten zur Auswahl:

▶ **Misstrauen Sie der Sache komplett,** können Sie die Funktion Cortana ausschalten bzw. gar nicht erst aktivieren. Windows 10 beeinträchtigt das nicht.

▶ **Sehen Sie nur die Speicherung** auf Microsoft-Servern kritisch, können Sie diese Funktion ausschalten (siehe „Windows und Datenschutz", S. 39). Allerdings sieht sich Ihre persönliche Assistentin dann ihrer Grundlage beraubt und verwandelt sich in eine einfache Bürogehilfin, die nur Ihren PC und auf Wunsch das Internet durchsuchen kann.

► **Wenn Sie den Cortana-Dienst mögen** und die Funktionen ausprobieren wollen, können Sie die digitale Sprachassistentin natürlich auch vollumfänglich nutzen, so wie es von Microsoft angedacht ist. Die Einrichtung wird im Folgenden erklärt.

Aktivieren von Cortana

1 Ist Cortana einmal auf dem Gerät vorhanden, kann sie für die erste Einrichtung durch Anklicken von Web und Windows durchsuchen unten links am Bildschirmrand (oder auf den kleinen Kreis im Tabletmodus) gestartet werden. Zuallererst holt Cortana sich die Erlaubnis, auf die diversen Daten auf Ihrem PC zugreifen zu dürfen. Sie müssen hier auf Ich stimme zu tippen, sonst können Sie Cortana nicht nutzen.

2 Sagen Sie Cortana nun, wie Sie heißen, damit Sie sie korrekt ansprechen kann. Hier ist es relativ egal, welchen Namen Sie eingeben, ob Ihren echten oder einen Spitznamen.

3 Natürlich ist Cortana keine echte künstliche Intelligenz, sondern ein Programm, dass Ihre Anfragen über eine unbedingt benötigte Internetverbindung zu einem Server bei Microsoft übermittelt und von diesem auch die richtigen Antworten bekommt.

Einrichten von Cortana auf Ihre Wünsche

1 Cortana liegt nun mit der Aufforderung Frag mich etwas am unteren, linken Bildschirmrand. Klicken Sie mit der Maus hinein. Cortana bietet Ihnen nun eine erste Übersicht mit dem Kalender des aktuellen Tages, den Ihren Interessen entsprechenden Nachrichten und dem Wetter Ihres aktuellen Ortes. Genau diese Informationen können und sollten Sie anpassen.

2 Klicken Sie dazu auf das kleine Buchsymbol links in der Symbolleiste von Cortana. Damit öffnen Sie das sogenannte Notizbuch, das all Ihre Vorlieben und die von Cortana zu nutzenden Informationen enthält, quasi der virtuelle Arbeitsvertrag Ihrer Assistentin. Um die Basiseinstellungen von Cortana zu ändern, klicken Sie auf das Zahnrad.

3 Unter der Option Über mich können Sie Ihren Namen und Ihre Lieblingsorte eingeben, etwa wie die Adresse zu Hause, Ihres Arbeitsplatzes oder Orte, die Sie gerne aufsuchen. Cortana kann damit beispielsweise das Wetter dort abrufen, Staus auf der Strecke von der Arbeit zum Büro erkennen und vieles mehr.

Was sind Ihre Interessen?

Ganz wichtig für Cortana sind Ihre persönlichen Interessen, das sind Informationen wie die Art, wie Sie sich zur Arbeit bewegen (per Auto oder öffentlichen Verkehrsmitteln), ob Sie Verkehrsmeldungen für relevant halten, welche Nachrichten Sie bevorzugen und vieles mehr. Mit all diesen Informationen können Sie Cortana im unteren Bereich der Einstellungen konfigurieren.

Bei Besprechungen und Erinnerungen können Sie festlegen, ob und wie Cortana Ihre Termine verwalten und Sie daran erinnern soll, unter Fortbewegung können Sie einstellen, ob Verkehr und Ereignisse auf der Strecke zwischen Ihren Lieblingsorten angezeigt werden sollen und vieles mehr.

Diese Einstellmöglichkeiten werden immer weiter erweitert, probieren Sie die Einstellungen und ihre Wirkungen einfach regelmäßig aus. Denn wann immer Sie dieses Buch lesen: Gehen Sie davon aus, dass Cortana schon viele weitere Funktionen bekommen hat. Seit der Einführung der Ur-Version im Jahr 2015 hat sich die Zahl der Funktionen und Aktionen, die Cortana ausführen kann, verviel-

facht, und da Cortana mit einer Serververbindung arbeitet, ändert sich ihre Persönlichkeit auch kontinuierlich. Geben Sie ihr Zeit und probieren Sie einfach Dinge aus!

Hey Cortana: Gehorchen aufs Wort

Eine wichtige und hilfreiche Einstellung, die vor allem auf einem Tablet Spaß macht, ist die Sprachbedienung von Cortana. Sie können jederzeit durch Antippen des kleinen Mikrofon-Symbols neben Cortanas Suchfeld eine Frage per Sprache stellen.

Noch netter aber ist es, wenn Sie in den Einstellungen Hey Cortana aktivieren. Ihr PC hört Ihnen dann automatisch zu und startet, wenn Sie den Text „Hey, Cortana" sagen, direkt die Suche nach den Worten, die Sie danach sprechen. Die Erkennungsqualität der Spracherkennung ist verblüffend gut, und so werden Sie diese Funktion schnell schätzen lernen.

Nun kennen Sie ja Ihre Pappenheimer: Kaum hat Ihr Umfeld herausgefunden, dass man mit Ihrem PC sprechen kann, ruft jeder Hinz und Kunz mitten im Gespräch „Hey Cortana!". Schlagen Sie den Witzbolden ein Schnippchen: Sie können Cortana Ihre Stimme lernen lassen und damit nicht nur dafür sorgen, dass die Gute ausschließlich auf Ihre Stimme reagiert, sondern gleichzeitig auch noch die Qualität der Spracherkennung weiter verbessern.

Verwenden von Cortana im Alltag

Nach der ersten Aktivierung ist sie nur noch einen Tastendruck entfernt:

Tippen Sie einen Suchtext in das Suchfeld ein oder drücken Sie das Symbol mit dem Mikrofon rechts daneben und sprechen Sie Ihren Satz oder – nach Aktivierung der Funktion Hey Cortana – sprechen

Sie Ihre Frage in Verbindung mit der Begrüßung direkt ein. Das alles funktioniert wie die Ruftaste an einer Rufanlage, und Cortana hört aufs Wort.

Cortana analysiert nun Ihre Anfrage, sendet diese an die Microsoft-Server und gibt Ihnen irgendwann eine Antwort. Kann in der Anfrage ein direkt ausführbarer Befehl identifiziert werden („Rufe XY an", „Erinnere mich morgen um 10 Uhr an das Lunchdate" etc.), dann kann es sein, dass Sie dies noch bestätigen müssen. Erinnerungen werden beispielsweise in den Kalender eingetragen.

Hat Cortana keinen ausführbaren Befehl erkannt, wird automatisch eine Suche nach dem gesprochenen Begriff gestartet. Diese Suche umfasst sowohl Programme, Einstellungen und Dokumente, die diesen Suchbegriff enthalten und auf Ihrem Gerät verfügbar sind, als auch mögliche Suchbegriffe im Internet. Klicken Sie aus der Liste den entsprechenden passenden Eintrag an, um ihn zu öffnen.

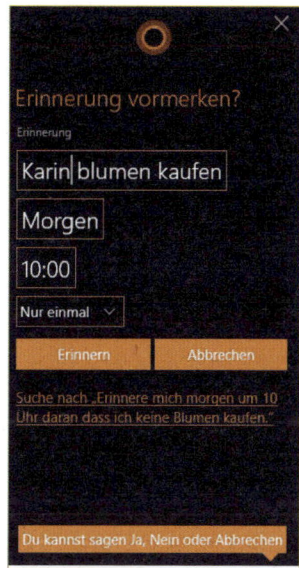

Spaß mit Cortana

Wer glaubt, Cortana sei eine trockene Texterkennung ohne Witz, der liegt weit daneben: Die digitale Assistentin beweist eine Menge Humor, wenn man ihr die richtigen Fragen stellt. Ein Beispiel gefällig? Fordern Sie Cortana doch auf: „Erzähl einen Witz!"

Oder fordern Sie sie auf: „Sing ein Lied" (und stellen Sie sicher, dass die Lautstärke nicht auf null steht).

Von diesen kleinen Schmankerln gibt es eine Menge zu entdecken und es kommen von Woche zu Woche neue hinzu. Ein Argument mehr, sich regelmäßig mit Cortana zu beschäftigen.

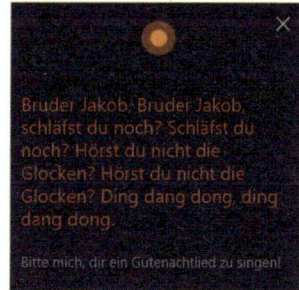

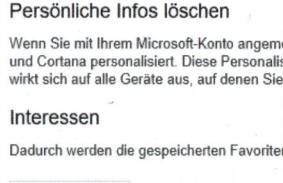

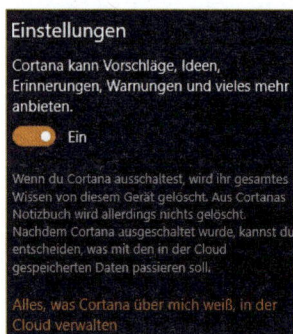

Cortana deaktivieren und Interessen vergessen lassen

Wenn Sie nach dem Test doch kein Interesse haben, die digitale Sprachassistentin auszuprobieren, können Sie sie – wie eingangs versprochen – auch deaktivieren:

1 Dazu gehen Sie in die Einstelllungen. Komplett deaktivieren bedeutet unter anderem auch, dass sie alles, was sie gelernt hat, vergisst.

2 Die Inhalte in der Cloud, die über das Notizbuch angelegt wurden, bleiben davon – erst einmal – unberührt. Wenn Sie auch diese löschen möchten, klicken Sie auf „Alles, was Cortana über mich weiß, in der Cloud verwalten".

3 Auf der bing-Internetseite, die daraufhin aufgerufen wird, können Sie ganz dezidiert die Informationen löschen, die nicht mehr in der Cloud verfügbar sein sollen.

Karten: Wegbeschreibung und Reiseplanung

Das Programm Karten gehört unter Windows 10 zur Standardausrüstung. Nun könnte man anmerken: „Was soll ich auf einem Notebook, Tablet oder Desktop-PC mit einem Kartenprogramm?" Grundsätzlich ist diese Frage berechtigt. Sie müssen aber gar nicht mit Ihrem Notebook oder Tablet herumlaufen, um die Karten-App hilfreich zu finden. Allein die Landkartenübersicht auf großem Bildschirm kann schon ganz angenehm sein.

Wegbeschreibung

Es gibt aber noch weitere Vorzüge: Hat Ihr Gerät ein GPS-Modul integriert, kann Windows 10 Ihre Position genau bestimmen. Wenn nicht, wird dies über die empfangenen WLAN-Netzwerke so genau wie möglich versucht.

Nun stellen Sie sich vor: Sie sitzen im Hotel und wollen zum Restaurant, wo Ihre Freunde Sie erwarten. Wie kommen Sie da hin?

1 Dazu gehen Sie in der Karten-App auf die kleine Lupe, geben den Namen des Restaurants ein und drücken die Eingabetaste. Schon sollten Sie das Restaurant als Suchergebnis sehen.

2 Klicken Sie es an, dann wird es Ihnen auf der virtuellen Karte angezeigt.

3 Wenn Ihnen das noch nicht ausreicht, können Sie oben rechts in der Anzeige auswählen, ob Sie zu Fuß oder mit dem Auto unterwegs sind, um sich dann eine Wegbeschreibung anzeigen lassen.

4 Diese Wegbeschreibung können Sie sich natürlich auch per E-Mail an Ihr Handy schicken lassen oder ausdrucken.

Reiseplanung

Eine zweite, nette Anwendung der Karten-App ist die Reiseplanung: Mehr und mehr Städte sind bereits in 3-D kartografiert und fotografiert – und es kommen kontinuierlich neue hinzu. Nutzen Sie die Karten-App, um sich schon einmal auf Ihre Städtetour vorzubereiten: Schauen Sie sich die angedachten Ziele vorab an, das vermeidet Enttäuschungen, wenn diese doch nicht so schön gelegen sind, wie Sie sie sich vorgestellt haben. Wenn Sie das Ganze dann noch zusammen mit OneNote nutzen, bekommen Sie mit wenig Aufwand eine tolle Reiseplanung hin.

Auf der rechten Seite der App finden Sie verschiedene Symbole, die die Ansicht auf die Karten bestimmen: So können Sie beispielsweise von der reinen grafischen Ansicht auf die Satellitenansicht zugreifen – die natürlich auf statische Bilder zugreift und keine „Liveschaltung" ist – oder sich den Verkehr einblenden lassen. Genug Möglichkeiten also zum Ausprobieren.

Kleine Alltagshelfer

Nicht hinter jeder App muss eine innovative Idee stecken. So mancher Alltagshelfer hat sich einfach bewährt – und steckt auch in Windows 10. Hier werden die wichtigsten drei kurz vorgestellt.

Wetter: Die Vorhersage

Die Technik mag noch so weit fortgeschritten sein, aber die Frage nach der Wettervorhersage wird immer aktuell bleiben. So hat natürlich auch Windows 10 mit „Wetter" eine App direkt vorinstalliert, die Ihnen hier Unterstützung bietet.

Im Standard zeigt Ihnen die App Ihren aktuellen Ort als Grundlage für die Wettervorhersage an. Die Basisdaten dazu werden auch live in der Wetterkachel im Startmenü bzw. im Kachelmenü angezeigt.

Je größer Sie die Kachel ziehen, desto detaillierter die Anzeige (siehe „Kacheln bewegen und verändern", S. 57).

In der App können Sie aber auch weitere Orte suchen, zu Ihren Favoriten hinzufügen und als separate Kacheln auf den Startbildschirm pinnen. So behalten Sie den Überblick über Ihre wichtigsten Orte.

Der Rechner

Auch wenn Sie mit Excel eine sehr umfangreiche und leistungsfähige Tabellenkalkulation zur Verfügung haben, für die kleine Rechnung nebenbei ist diese überdimensioniert. Nutzen Sie doch stattdessen die vorinstallierte App „Rechner". Diese bringt Ihnen einen kleinen Taschenrechner auf den Bildschirm, den sie mit Maus, Finger oder – falls vorhanden – dem Nummernblock auf Ihrer Tastatur bedienen können. Ganz so wie den Taschenrechner auf dem Tisch zu Hause.

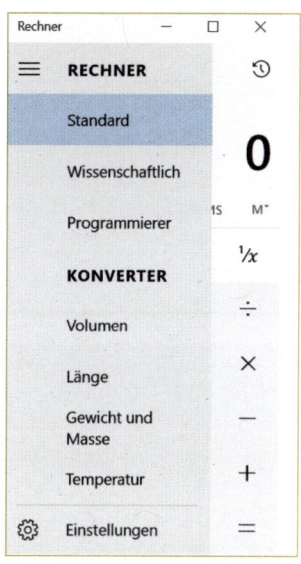

Lassen Sie sich vom einfachen Äußeren nicht täuschen: Wenn Sie auf die drei parallelen Striche oben links im Programmfenster klicken, können Sie unterschiedliche, deutlich leistungsfähigere Taschenrechner-Modi aktivieren.

Snipping Tool: Bildschirmfotos erstellen

Kennen Sie noch die [Druck]-Taste? Damit konnte man schon immer den gesamten Bildschirminhalt quasi abfotografieren. Das klappt auch noch unter Windows 10. Das Bild befindet sich dann im Zwischenspeicher und kann per [Strg] + v in eine offene E-Mail oder etwa ein Worddokument eingefügt werden.

Einfacher geht es mit dem Snipping Tool: Hier kann der abfotografierte Bildschirminhalt per Rahmen selbst bestimmt werden.

1 Geben Sie im Suchfeld der Taskleiste den Namen der App ein und klicken Sie sie an, wenn sie erscheint.

2 Klicken Sie auf Neu. Der Bildschirm wird blass.

3 Ziehen Sie jetzt bei gedrückter Maustaste einen Rahmen um den Bildausschnitt, den Sie abfotografieren möchten, dann lassen Sie los.

4 Der Ausschnitt erscheint im neuen Fenster. Unter Datei und Speichern unter können Sie den Speicherort auswählen.

Arbeiten &
genießen

Der damalige Chef von IBM, Thomas Watson, schätzte 1943, dass es weltweit einen Markt für etwa fünf Computer gäbe. Heute stehen in vielen Haushalten sogar mehrere. Sie erleichtern die Steuererklärung ebenso wie das Finden neuer Musik oder das Stöbern in der eigenen Filmesammlung. Windows 10 unterstützt Sie dank Microsoft Office in Ihrer Produktivität oder versüßt Ihnen mit Groove-Musik sowie Filme & TV die Pause – ganz wie Sie wünschen.

Microsoft Office, Office 365, Touch Office: Ein Überblick

Zum Alltag gehören Schriftdokumente, Bewerbungen und nicht zuletzt auch Rechnungen – „Büroarbeit" eben. Dazu gibt es seit 1989/90 das Paket Microsoft Office zu kaufen, das vor allem aus der Textverarbeitung Word, der Tabellenkalkulation Excel und dem Präsentationsprogramm PowerPoint besteht. Alle paar Jahre wird eine neue Version mit neuen Funktionen und Design veröffentlicht. Möchte man diese neue Version, muss man sie sich neu zulegen. Alte und neue Dokumente können aber mit (fast) allen Versionen geöffnet werden.

2010 hat sich Microsoft dazu ein neues Modell einfallen lassen: Office 365. In Windows 10 gibt es standardmäßig eine Verknüpfung dazu. Das ist aber nicht mehr als ein Link zum Kauf: Es muss separat erworben werden und ist nicht im Update enthalten. Office 365 ist ein Online-Dienst. Anstatt einmal das komplette Office-Paket zu kaufen, wird der Dienst hier über ein Abonnement monatlich oder jährlich gemietet. Innerhalb dieses Jahres erhält man alle Updates kostenlos. Office 365 bietet neben der eigenen Version der Office-Produkte darüber hinaus einen eigenen OneDrive als Online-Speicher an sowie etwa eine Webseite, einen Exchange-E-Mail-Server und mehr.

Seit 2015 gibt es für Word, Excel und PowerPoint eigene Apps im Windows Store, die auf die Touch-Bedienung optimiert worden sind und als „Universal"-Apps nicht nur auf dem PC und Notebook, sondern auch auf Tablets und Windows Phones laufen. Sogar für Android- und Apple-Smartphones existieren Versionen.

Die Windows-10-Apps unterscheiden sich vom „großen Office" vor allem durch ihren übersichtlicheren Funktionsumfang und die dadurch aufgeräumter wirkende Oberfläche. Zusätzlich gibt es aber auch einen Kostenfaktor: Die Office-Apps sind nur auf Geräten, deren Bildschirme kleiner als 10,1 Zoll sind, wirklich gratis. Bei Windows 10 sind sie zwar auf den ersten Blick kostenlos, können dann aber Office-Dokumente nur lesen und anzeigen. Um die Dokumente auch bearbeiten zu können, ist ein Office-365-Abonnement nötig. Weitere Informationen dazu finden Sie unter http://www.office365.de.

Welche Office-Version ist für mich die richtige?

Ganz so einfach lässt sich diese Frage nicht beantworten: Wenn Sie die Office-Programme intensiv einsetzen – meist bei einem Desktop PC oder einem Notebook –, ist es gegebenenfalls sinnvoll, die Vollversionen zu kaufen und somit einmal zu bezahlen, statt monatlich oder jährlich das Office-365-Abo abgerechnet zu bekommen. Vielleicht ist es sogar ausreichend, eine der (oft kostenlosen) alternativen Office-Lösungen anderer Hersteller zu verwenden.

Auf der anderen Seite haben Sie mit Office 365 immer die aktuellste Office-Version zur Verfügung, wenn Sie das entsprechende Paket auswählen.

Vielleicht eine Entscheidungshilfe: Microsoft legt vielen verkauften Geräten – seien es Notebooks, Tablets oder Smartphones – mittlerweile eine kostenlose Jahreslizenz von Office 365 bei, sodass Sie diese Variante risikolos erst einmal testen können. So oder so: Die Beschreibungen in diesem Kapitel lassen sich auch auf das große Office anwenden.

Microsoft Office: starten, anmelden, loslegen

Beim Starten jeder der Office-Apps bekommen Sie als Allererstes einen Infobildschirm angezeigt, der Ihnen die Grundlagen der jeweiligen Anwendung zeigt. Wischen Sie mit dem Finger oder der Maus durch die Informationen, dann gelangen Sie zum Start-Bildschirm.

Nutzen Sie Office 365 und haben Sie ein Microsoft- oder Firmenkonto damit verknüpft, können Sie auch Dokumente bearbeiten. Sobald Sie Leeres Dokument anklicken, fragt Word Sie nach Ihren Zugangsdaten. Geben Sie diese ein und folgen Sie den Anweisungen auf dem Bildschirm, um Ihr Office zu registrieren. Die folgenden Beschreibungen basieren auf der Annahme, dass Sie Dokumente bearbeiten können.

> **Bei Office anmelden**
> Sie können hier Dokumente erstellen, wenn Sie angemeldet sind.
>
> Anmelden   Schließen

Anlegen eines neuen Dokuments

Wenn Sie ein neues Dokument anlegen möchten, stellen Sie am besten sicher, dass Ihr Gerät mit dem Internet verbunden ist. Dann bietet Office Ihnen nämlich eine Vielzahl von möglichen Vorlagen an, die Ihnen statt eines leeren Dokuments schon einen Rahmen schaffen, in den Sie nur noch Ihre Daten eintragen müssen, ohne sich um die äußere Form kümmern zu müssen: beispielsweise Lebensläufe, Briefe, Listen und vieles mehr. Scrollen Sie einfach durch die Liste der Vorlagen und wählen Sie diejenige aus, die am besten zu dem von Ihnen zu

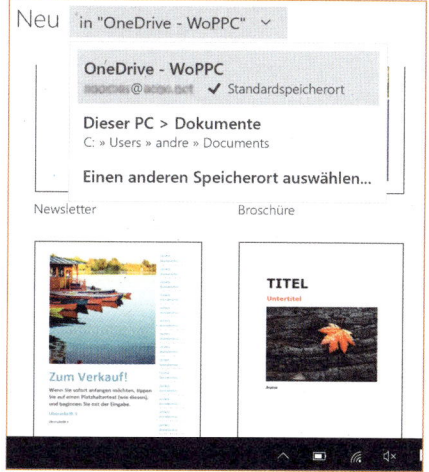

verfassenden Dokument passt. Wenn Sie komplett auf der grünen Wiese starten möchten oder keine Internetverbindung haben, dann wählen Sie Leeres Dokument.

Vorher sollten Sie kontrollieren, ob die Angabe des Speicherortes neben Neu korrekt ist: Im Standard gehen die Office-Apps davon aus, dass Sie Ihre Dokumente in Ihrem OneDrive in der Cloud gespeichert haben möchten, um sie von jedem Gerät aus verfügbar zu haben. Wünschen Sie dies nicht, klicken Sie auf den angewählten Speicherort neben Neu und wählen Sie das gewünschte Verzeichnis auf Ihrem PC durch Anklicken von Einen anderen Speicherort anwählen.

Öffnen eines neuen Dokuments

Haben Sie bereits ein Dokument per E-Mail oder auf einem Datenträger erhalten, können Sie sich natürlich den Vorgang der Neuanlage sparen: Öffnen Sie die Datei einfach, indem Sie im Explorer darauf doppelklicken. Schon wird die zugehörige Office-App gestartet und das Dokument darin geöffnet.

Speichern eines Dokuments

Wenn Sie als Speicherort für das neue Dokument das zugeordnete OneDrive ausgewählt haben oder das Dokument von einem Online-Speicherort geöffnet wurde, wird es automatisch immer wieder gespeichert.

Vielleicht möchten Sie das Dokument aber unter einem anderen Namen oder einfach auf der lokalen Festplatte Ihres Rechners abspeichern. Gehen Sie in diesem Fall so vor:

1 Klicken oder tippen Sie auf Datei, dann auf Speichern unter.

2 Geben Sie den Namen ein und wählen Sie den gewünschten Speicherort.

3 Im letzten Schritt speichern Sie die Datei durch einen Klick auf OK.

Microsoft Word Mobile

Wenn Sie ein Dokument geöffnet haben, können Sie loslegen: Geben Sie, wie von jeder anderen Textverarbeitung gewohnt, Text über die Tastatur ein.

Texte formatieren

Word bietet eine Menge Möglichkeiten, Text durch Formatierungen und Stilmittel zu strukturieren und zu verschönern. Die wichtigsten davon werden hier beschrieben. Probieren Sie einfach die angebotenen Einstellungsmöglichkeiten aus.

Oben auf dem Bildschirm finden Sie die von den meisten Windows-Programmen gewohnte Menüleiste, die sich in einzelne Bereiche teilt. Unter Start finden Sie alle Möglichkeiten der Formatierung. Änderungen können auf zwei Arten wirksam werden:

▶ **Ab dem nächsten getippten Buchstaben:** Wählen Sie die gewünschte Schriftart, -farbe, Formatvorlagen etc. aus der Leiste oben.

▶ **Innerhalb des markierten Textbereichs:** Markieren Sie einen Textbereich (siehe „Text markieren und Zwischenablage ...", S. 62) und nehmen Sie erst jetzt Änderungen der Formatierung vor.

Die Möglichkeiten der Formatierung sind anhand ihrer Symbole recht einfach zuzuordnen:

▶ **Fettes F:** Stellt den Text in fetteren Buchstaben dar.

▶ **Kursives K:** Stellt den Text schräg dar.

▶ **Unterstrichenes U:** Unterstreicht Text.

▶ **Textmarker:** Markiert den Hintergrund von Textpassagen farbig.

▶ **Farbiger Unterstrich:** Ändert die Textfarbe je nach ausgewählter Farbe.

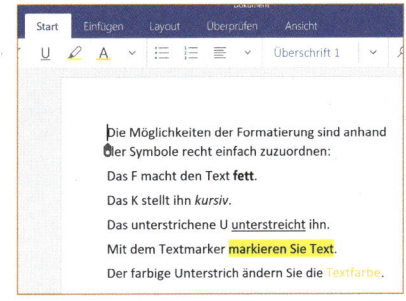

▶ **Kleines Dreieck neben den Symbolen:** Verbirgt weitere Auswahlmöglichkeiten von einer Option. Man kann aus einer Vielzahl an Vorgaben auswählen.

▶ **Formatvorlagen:** Es ist empfehlenswert, erst einmal diese auszuprobieren. Sie finden sich etwas weiter rechts in einem Auswahlfeld, in dem Sie dann verschiedene Überschriften-Ebenen, Hervorhebungen etc. auswählen können. Der Vorteil: Alle Einstellungen sind auf Klick eingestellt, sie müssen nicht jedes Mal Schriftart und -größe, Formatierungen etc. manuell einstellen.

Verwenden von Tabellen, Bildern und anderen Elementen

Neben dem Reiter Start, auf dem Sie sich gerade befinden, sehen Sie noch weitere Reiter. Klicken Sie andere Reiter an, ändert sich automatisch das Band der darunterliegenden Symbole. Wählen Sie nun den Reiter Einfügen. Hier können Sie schnell und einfach Tabellen, Bilder, vorgefertigte Formen, frei positionierbare Textfelder, eine Kopf- und/oder Fußzeile und vieles mehr einfügen.

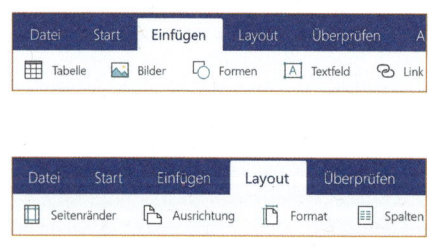

Unter Layout können Sie die Seitenränder, die Ausrichtung der Seite im Hoch- oder Querformat, das Format des virtuellen Papiers, auf dem Sie schreiben, und noch so einiges mehr einstellen.

Wenn Sie ein Dokument bekommen, zu dem Sie Anmerkungen machen wollen, finden Sie die entsprechenden Schaltflächen unter Überprüfen. Hier können Sie festlegen, ob Änderungen, die Sie vornehmen, markiert werden sollen. So kann ein anderer Empfänger auf einen Blick erkennen, was Sie geändert haben. Sie können Ihre und/oder die Anmerkungen anderer Bearbeiter einzeln oder im Ganzen annehmen oder verwerfen oder einen Kommentar dazu schreiben.

Microsoft Excel Mobile

Microsoft Excel hat eine etwas andere Ausrichtung als Word: Es ist eine Tabellenkalkulation. Gearbeitet wird immer auf einem Blatt, das als „Heimat" Ihrer Daten dient. Innerhalb dieses Blattes werden Sie aber vor allem mit Zellen arbeiten. Diese Zellen enthalten die einzelnen Daten und lassen sich mittels Formeln untereinander auswerten, aufsummieren und vieles mehr. Wer Excel beherrscht, hat ein mächtiges Kalkulationswerkzeug zur Hand. Es eignet sich aber auch bestens als Haushaltsbuch.

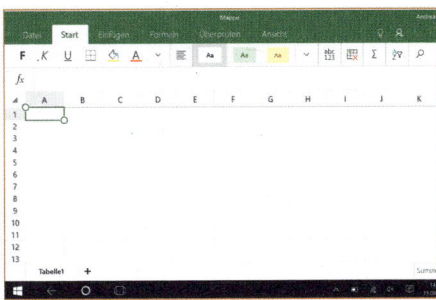

Werte in die Zellen eingeben

1 Um einen Wert oder Text in eine Zelle einzugeben, klicken Sie mit der Maus zweimal schnell hintereinander hinein.

2 Erst dann wird der Cursor (der kleine, schmale Strich, der als Schreibmarkierung gilt) angezeigt und Sie können über die Tastatur eine Eingabe machen. Die Zellen sind in der Voreinstellung recht klein. Sie können so viel hineinschreiben, wie sie wollen, der Text hängt hinüber, solange die Zelle rechts daneben leer ist.

3 Soll es „nur" die Einkaufsliste sein, vermeiden Sie Spiegelstriche. Excel wertet sie als „minus" und versucht, eine Rechnung anzustellen. Behelfen Sie sich mit anderen Aufzählungsmethoden wie Sternchen oder Unterstrich.

4 Schließen Sie diese Eingabe durch Drücken der Eingabetaste ab.

5 Um den Text einer überstehenden Zelle zu verändern, doppelklicken Sie wieder in die erste Zelle. Denn nur dort steht der Text, der Rest hängt nur über.

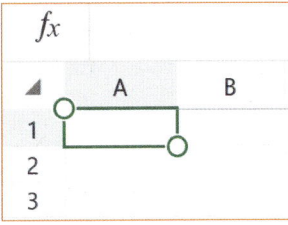

Mehrere Zellen markieren

Wenn Sie mehrere Zellen auf einmal formatieren möchten, müssen Sie diese vorher markieren. Das geht ein wenig anders als bei normalem Text:

1 Tippen Sie die obere linke oder untere rechte Zelle des Bereiches, den Sie markieren möchten, an.

2 Sie sehen links oben und rechts unten einen kleinen Kreis an der Zellmarkierung. Nehmen Sie diesen jetzt und bewegen Sie ihn mit der Maus oder dem Finger: die Markierung wird auf die angrenzenden Zellen erweitert.

3 Lassen Sie los, wenn der komplette Bereich markiert ist. Alle Änderungen beziehen sich jetzt auf alle markierten Zellen.

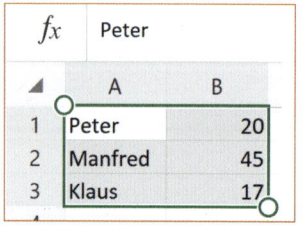

Zellen formatieren

1 Um eine Zelle zu formatieren, klicken Sie sie einmal an, sodass sie markiert ist. Alternativ markieren Sie mehrere Zellen.

2 Per Rechtsklick auf den markierten Bereich öffnet sich ein Optionsmenü. Wählen Sie Zellen formatieren aus.

3 Hier haben Sie verschiedene Reiter zur Auswahl, hinter denen sich die unterschiedlichsten Möglichkeiten zur Gestaltung der markierte Zelle(n) verbergen. Die meisten Optionen sind selbsterklärend – probieren Sie einfach ein bisschen herum.

4 Schließen Sie Ihre Einstellungen mit einem Klick auf OK ab, um die Änderungen wirksam werden zu lassen.

Spaltenbreiten und Zeilenhöhen ändern

Gerade, wenn Sie die Inhalte von Zellen verändern, wird die Breite der Spalten oft zu klein. Das ist aber überhaupt kein Problem: Ändern Sie sie einfach.

1 Klicken oder tippen Sie auf die Spaltenbezeichnung (im Beispiel B).

2 Nun sehen Sie am rechten Rand einen kleinen Doppelstrich. Bewegen Sie diesen mit der Maus nach links oder rechts, um die Breite der Spalte zu verringern oder zu erhöhen.

3 Der gleiche Trick funktioniert natürlich auch für die Zeilenhöhe.

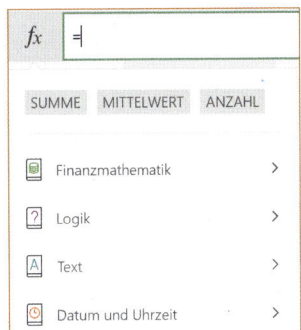

Daten durch Formeln verknüpfen

Die alleinige Dateneingabe in tabellarischer Form unterfordert Excel komplett – einen Einkaufszettel zu erstellen wäre auch mit Word problemlos zu leisten. Die besondere Leistungsfähigkeit entsteht durch die Möglichkeiten, die die umfangreiche Formelsammlung zur Auswertung der eingegebenen Daten bietet. Nehmen Sie folgendes Beispiel: Sie und Ihre Freunde haben einen umfangreichen Kniffelabend hinter sich und haben dabei ordentlich eine Strichliste in Excel geführt, wer wie oft gewonnen hat. Aber wie viele Spiele haben Sie insgesamt gespielt? Statt nun die müden grauen Zellen zu bemühen, machen Sie Folgendes:

1 Klicken Sie auf die Zelle unter den Spielzahlen, dann klicken Sie auf das fx unter der Symbolleiste. Dort finden Sie nun die gebräuchlichsten Formeln direkt oben am Rand des sich öffnenden Fensters

2 Hier können Sie die Option Summe direkt auswählen.

3 Nun ist die Summe schließlich eine Formel, die auf mehrere Zellen wirkt. Daher müssen Sie in einem zweiten Schritt die zu summierenden Zellen wie gewohnt mit Maus oder Finger markieren.

4 Schließen Sie diesen Vorgang durch einen Klick auf den grünen Haken ab und staunen Sie:

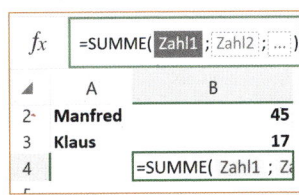

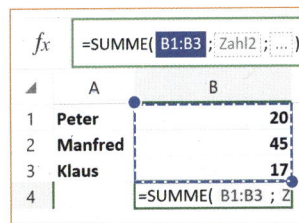

5 Wie von Zauberhand hat Excel die Summe ausgerechnet. Und es kommt noch besser: Wenn Sie einen der Werte in der Tabelle ändern, ändert sich die Summe automatisch.

Einfügen von Diagrammen

Der Mensch ist visuell veranlagt: Bilder sagen mehr als 1000 Werte. Das Zauberwort dafür ist „Diagramme". Excel erlaubt es, die eingegebenen Daten auf verschiedene Arten grafisch darzustellen.

1 Dazu markieren Sie all Ihre Werte, die die Namen, Siege und die eben ausgerechnete Summe enthält.

2 Klicken Sie auf Einfügen, Diagramm.

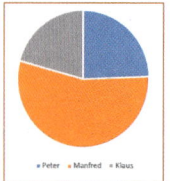

3 Wählen Sie den gewünschten Diagrammtyp, bestätigen Sie – und schon haben Sie Ihre Daten in einem anschaulichen Bild zur Verfügung. Sie haben es schon bemerkt: Wenn Sie ein bisschen herumexperimentieren wollen, können Sie aus einer Vielzahl von Diagrammdarstellungen wählen.

Microsoft PowerPoint Mobile

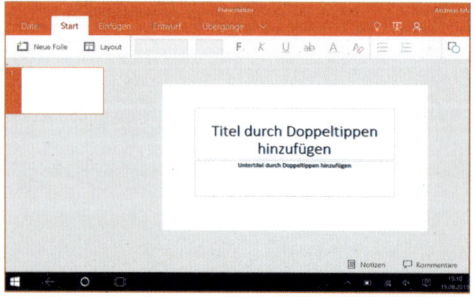

Manchmal kommt es darauf an, Dinge anschaulich darzustellen: Wenn Sie einem Auditorium Inhalte schnell und eindrucksvoll darstellen möchten, ist PowerPoint die App Ihrer Wahl.

Die Dokumente von PowerPoint heißen Präsentationen, die einzelnen Elemente davon Folien. Wenn Sie sich schon einmal mit Word und Excel beschäftigt haben, wird Ihnen der Umgang mit PowerPoint alles andere als schwerfallen: Formatierung, das Einfügen von Elementen – all das ist nahezu identisch zwischen den Office-Anwendungen.

Eine Besonderheit hat PowerPoint aber: Eine Präsentation lebt natürlich davon, dass Sie sie vorführen. Wenn Sie also Ihren PC an einen Monitor oder Beamer angeschlossen haben und ihren geneigten Zuschauern zeigen möchten, wie erfolgreich das Kniffelturnier war, möchten diese mit hoher Wahrscheinlichkeit nicht die Oberfläche von PowerPoint sehen. Klicken Sie daher nun auf das kleine Leinwandsymbol oben rechts auf dem Bildschirm, um nur den Inhalt der Präsentation auf dem Bildschirm anzuzeigen. Denselben Effekt erreichen Sie übrigens auch, wenn Sie auf der Tastatur die Taste F5 drücken.

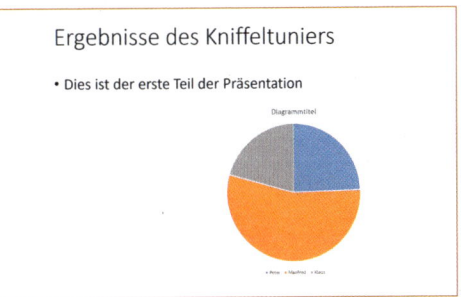

Microsoft OneNote

Was unterscheidet OneNote als separates Programm von Word? OneNote organisiert sich nicht in Dokumenten, sondern in Notizbüchern, die wiederum einzelne Notizen enthalten. So können Sie Notizen, die zu einem Bereich gehören (beispielsweise Kontakte, Arbeit, Verein etc.), bündeln , sortieren und schnell wiederfinden. Auch OneNote verbindet sich mit Ihrem OneDrive und legt die Notizbücher dort ab. Mittlerweile gibt es die App für alle großen PC- und Mobil-Betriebssysteme. Auch ohne Windows können Sie also unterwegs auf Ihre Notizen zugreifen. Selbst wenn Sie einmal kein eigenes Gerät zur Hand haben, können Sie auf einem beliebigen Rechner mit Internet-Zugang unter http://onedrive.com auf Ihre

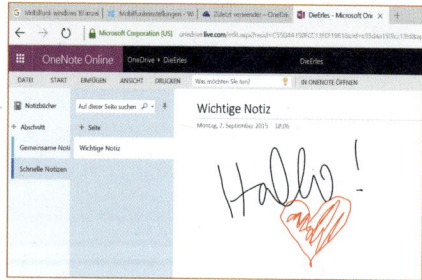

Notizen zugreifen. Für Smartphones ist die App kostenlos – ab Geräten mit Bildschirmen über 10,1 Zoll muss man ein Office-365-Abonnement abschließen, um die Funktionen voll zu nutzen.

Starten von OneNote

1 Tippen oder klicken Sie auf die App-Kachel.

2 Registrieren Sie es auf Ihr Office-365-Konto. Ansonsten können Sie Notizen nur lesen und teilen, aber keine neuen erstellen.

3 Ein leerer Notizen-Bildschirm begrüßt Sie. Tippen Sie auf Start in der Menüleiste und dann auf das +-Zeichen, um eine neue Notiz zu erzeugen.

Anlegen eines neuen Notizbuches

Klicken Sie auf die drei parallelen Striche oben links und dann neben Notizbücher auf das +-Zeichen. Geben Sie den Namen des Notizbuches ein – schon geht es los.

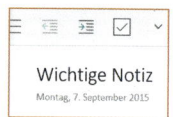

Sobald Sie eine neue Notiz angelegt haben, bekommt diese einen Zeitstempel: Unter der Linie mit der Überschrift steht das Datum und die Uhrzeit, zu der die Notiz erstellt wurde. Bei der Menge an Notizen, die Sie erstellen werden, ergibt das Sinn. So können Sie bei identischen oder ähnlichen Themen schnell erkennen, welche die aktuellste Notiz ist, ohne sich – wie bei anderen Office-Apps – das Dateidatum ansehen zu müssen.

Zeichnen in Notizen

Notizen und Brainstormings leben nicht
nur von Text, sondern auch von Skizzen.
Auf einem Gerät mit Stift oder Touch-Bildschirm ist das umsetzbar: Klicken Sie in der
Menüleiste auf Zeichnen, dann erhalten Sie
Zugriff auf verschiedene Stiftarten. Bestimmen Sie über die kleine Palette die Strich-
farbe und über das Symbol mit den ver-

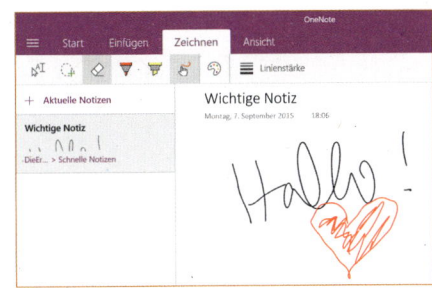

schiedenen Strichdicken die Breite des Strichs – und malen Sie mit
der Maus oder dem Stift drauflos.

Das Symbol mit der kleinen Hand links neben der Palette erlaubt
das Umschalten von der Stiftbedienung auf den Finger oder die
Maus: Schalten Sie es ein und malen Sie einfach auf dem Bildschirm, was Sie möchten.

Besonderheiten bei den Surface-Geräten

Nennen Sie einen Surface Pro 3 oder ein Surface 3 Ihr Eigen, haben
Sie noch einen netten Bedienvorteil: Wenn Sie den zugehörigen
Stift verwenden, können Sie sehr schnell einen Teil des Bildschirms
(beispielsweise den Teil einer Webseite, einen Kontakt, den Bildschirm einer App und vieles mehr) in die „Schnellen Notizen" übertragen.

Drücken Sie dazu zweimal schnell hintereinander auf den Knopf
am Ende des Stiftes, um ein Bildschirmfoto zu erstellen. Nutzen Sie
nun den Stift, um den interessierenden Ausschnitt zu markieren.
Schon ist dieser als neue Notiz in OneNote und lässt sich wie gewohnt weiterverarbeiten, markieren sowie mit Text und Zeichnun-
gen versehen.

Groove-Musik:
Im Rhythmus der Zeit

Was auch immer Sie mit Ihrem Rechner machen, Sie möchten sicherlich dann und wann auch einfach einmal entspannen. Wie wäre es damit, Musik zu hören – aus Ihrer Sammlung oder gestreamt (siehe „Musik und Videos im Windows Store", S. 114)?

Viele der Unterhaltungsdienste stammen aus der Welt von Microsofts Spielekonsole XBOX. So hieß etwa der Musik-Service und die dazugehörige App früher XBOX Music. Mit Windows 10 hat Microsoft versucht, von dieser Zuordnung abzuweichen: Die Musik-App auf Windows 10 und Windows 10 Mobile heißt jetzt „Groove-Musik" – nicht zu verwechseln mit Groove-Musik-Dienst (S. 114).

Erster Start: Die Musiksammlung

Um Musik zu hören, tippen oder klicken Sie aus der Programmliste oder dem Kachelbildschirm auf Groove-Musik. Beim ersten Start durchsucht Ihr Gerät den Speicher und nimmt alle Musikstücke in die Sammlung auf, die es in den zur Musik-Bibliothek gehörenden Verzeichnissen findet. Stellen Sie sich diese einfach wie ein Inhaltsverzeichnis vor, das die wichtigen Daten der Musikdateien ausliest und abspeichert. Damit können Sie später Ihre Musik beispielsweise sehr schnell nach Interpreten, Alben, Titeln und Genres auswählen. Die eigentlichen Daten bleiben dabei unverändert an ihrem Speicherort (siehe „Einrichten der Bibliotheken", S. 78).

Abspielen von Musik

Es wird Sie kaum wundern: Groove-Musik ist wie die meisten anderen Windows Apps zu bedienen: Sie haben auf der linken Seite eine Filtermöglichkeit nach Alben, Künstlern und Songs, die Ihnen die Auswahl leichter machen soll. Wenn Sie nun beispielsweise die neue Single von Iron Maiden abspielen möchten – oder die einer anderen Band, die Geschmäcker sind schließlich verschieden –, klicken Sie auf Künstler und dann auf Iron Maiden – beziehungsweise Ihre Lieblingsband. Schon sehen Sie alle Alben dieser Band und können die Single aus dem neuesten Album heraussuchen.

Info

Musik ohne Verluste: Windows spielte bisher nur normal komprimierten Musik-Formate wie etwa MP3 ab. Der ein oder andere Nutzer mit audiophilen Ansprüchen wollte schon lange stattdessen gerne unkomprimierte Dateiformate abspielen. Das bekannteste ist hier FLAC. Für diese Nutzer gibt es gute Nachrichten: Windows 10 kann FLAC-Dateien direkt ohne Zusatzsoftware abspielen.

Aktuelle Wiedergabe zeigt Ihnen das aktuelle Album und den aktuellen Titel an, der angewählt ist. Sie können über die darunter angezeigten Bedienknöpfe die Wiedergabe starten oder anhalten und zum nächsten beziehungsweise vorherigen Titel springen.

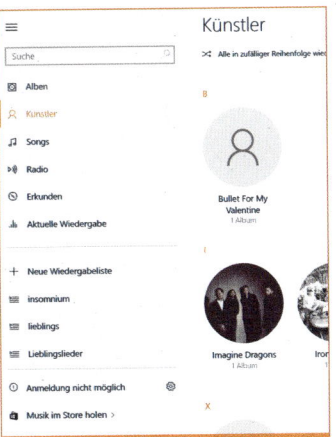

Übrigens können Sie die Wiedergabe auch ganz einfach aus einem beliebigen Programm steuern: Drücken Sie einmal die Lauter- oder Leiser-Taste, dann erscheint unter dem Lautstärkeregler ein Feld mit den Wiedergabetasten, dem aktuellen Interpreten und Titel.

Gezielte Suche nach Musik

Ihre ganze Musiksammlung auf einem Gerät: Da kann man schon einmal den Überblick verlieren. Wenn das der Fall ist und Sie sich nur noch an einen

Teil des Titel- oder Künstlernamens erinnern, haben Sie in den meisten Ansichten am oberen Bildschirmrand eine kleine Lupe. Wie gewohnt können Sie hier den Teil des gesuchten Musikstücks eingeben. Groove-Musik zeigt ihnen dann alle Elemente an, die diesen Namensteil enthalten.

In der Ergebnisliste können Sie nun filtern:

▶ **In der Sammlung** zeigt Ihnen alle Treffer an, die in Ihrer eigenen Musiksammlung sind.

▶ **Vollständiger Katalog** nimmt auch online in Groove-Musik gespeicherte Stücke mit auf, die dem Suchbegriff entsprechen.

Übrigens: Wie Sie Musik von Groove-Musik kaufen und herunterladen können, finden Sie in der Beschreibung des Windows Stores, denn dieser ist Quelle für den Kauf aller Inhalte – ob nun die neueste App oder das neueste Lieblingsalbum (siehe „Windows Store: Apps suchen und kaufen", S. 109).

Anlegen und Nutzen von Wiedergabelisten

Oft wird es Ihnen passieren, dass Sie in einem Album ein Lied hören, das Ihnen besonders gut gefällt. Später erinnern Sie sich aber nicht mehr an den Namen und suchen ewig durch Ihre zuletzt gehörten Songs. Eine Abhilfe dafür ist das Anlegen einer Wiedergabeliste, in die Sie all Ihre Lieblingsstücke aufnehmen.

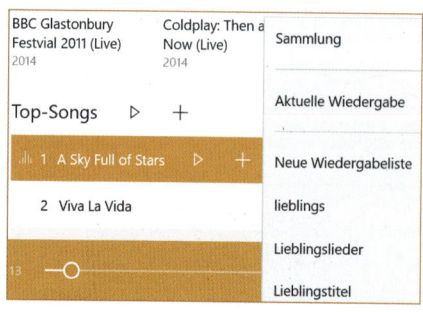

1 Aus der Wiedergabe eines Stückes tippen Sie auf das +-Zeichen neben dem Titel des Stücks.

2 Groove-Musik zeigt Ihnen nun eine Liste der vorhandenen Wiedergabelisten.

3 Wenn Sie eine neue Wiedergabeliste anlegen möchten, tippen Sie auf Neue Wiedergabeliste. Natürlich können Sie den Titel alternativ auch zu einer bereits bestehenden Wiedergabeliste hinzufügen, indem Sie diese antippen. Wenn Sie Aktuelle Wiedergabe anklicken, wird keine „echte" Wiedergabeliste angelegt, sondern das Stück lediglich in die Liste der Stücke eingereiht, die nacheinander abgespielt werden – vergleichbar, als würden Sie auf einer Feier dem DJ einen Zettel mit Ihrem Musikwunsch geben. Er legt ihn hinter die anderen Wünsche und spielt diese nacheinander ab.

4 Wiedergeben können Sie die Titel Ihrer Wiedergabelisten übrigens ganz intuitiv: Tippen Sie in der Sammlung einfach auf eine der Wiedergabelisten und wählen Sie die gewünschte aus.

+	Neue Wiedergabeliste
≡	insomnium
≡	lieblings
≡	Lieblingslieder

Musik vom OneDrive

Wenn Sie sich entschieden haben, Ihr OneDrive zu nutzen, können Sie dies auch für die Speicherung Ihrer Musik verwenden. Groove-Musik verwendet einen Ordner Musik auf Ihrem OneDrive. Wenn Sie dort Musik ablegen, ist diese über die Groove-Musik-App auf jedem Gerät, das eine Verbindung zu Ihrem OneDrive hat, verfügbar. Dies ist übrigens vollkommen unabhängig von einem Groove-Musik Pass.

Einstellungen in Groove-Musik: iTunes-Wiedergabelisten importieren

Wenn Sie Einstellungen in der App vornehmen möchten, gelangen Sie zu dieser Option, indem Sie das kleine Zahnrad neben Ihrem Namen unten links in der Groove-App anklicken. Viele der Funktionen der App sind automatisiert, aber trotzdem haben Sie einige Mitgestaltungsmöglichkeiten.

Wenn Sie ein iPhone oder einen iPod haben oder hatten, ist die Wahrscheinlichkeit hoch, dass Sie auch iTunes als Musik-Programm einsetzen. Die Musikstücke, die Sie in iTunes importiert haben, findet Groove-Musik automatisch, nicht aber die Wiedergabe-listen. Holen Sie sich die Listen zurück – Sie haben ja schließlich eine Menge Aufwand in sie investiert.

1 Klicken Sie auf das Zahnrad. Sie gelangen in die Einstellungen von Groove-Musik.
2 Klicken Sie hier auf iTunes-Wiedergabelisten importieren, um diese aus iTunes zu lesen und als Groove-Wiedergabelisten zur Verfügung zu haben.

Musik auf diesem PC

Legen Sie fest, wo nach Musik gesucht werden soll

iTunes-Wiedergabelisten importieren

Einstellungen in Groove-Musik:
Automatischer Download der Medieninformationen

Im Normalfall befinden sich die Informationen, um welches Musikstück, welchen Interpreten und welches Album es sich handelt, in den sogenannten Metadaten der Stücke selbst. Oft fehlen aber weitergehende Infos wie das Bild des Covers, das Erscheinungsjahr und andere Infos. Diese kann Groove automatisch herunterladen, wenn Sie in den Einstellungen Medieninformationen einschalten. Eine gute Möglichkeit, Ihre Sammlung aufzupeppen.

Medieninformationen

Fehlende Albumcover und Metadaten automatisch abrufen

On

Einstellungen in Groove-Musik:
Automatischer Download von Musik

Der Trend geht zu mehreren genutzten Geräten – zu Hause der PC oder das Notebook, in Zug oder Fernbus das Tablet und jederzeit unterwegs das Smartphone. Da ist es sinnvoll, in den Einstellungen unter Downloads den Punkt „Laden Sie Songs automatisch herunter" zu aktivieren: Haben Sie ein neues Musikstück auf Ihrem PC hinzugefügt, wird dieses auch auf alle anderen Geräte heruntergeladen, die Groove-Musik verwenden und mit Ihrem Microsoft-Konto angemeldet sind.

Filme & TV: Abspielen von Videos

Filme & TV

Genauso wie Musik können Sie auch Videos und Filme auf Ihrem Gerät abspielen, kaufen oder ausleihen und streamen. Die Handhabung ist nahezu identisch zur Musikwiedergabe (siehe „Groove-Musik", S. 170).

1 Starten sie die Video-App, indem Sie aus der Programmliste oder dem Kachelmenü auf Filme & TV tippen.

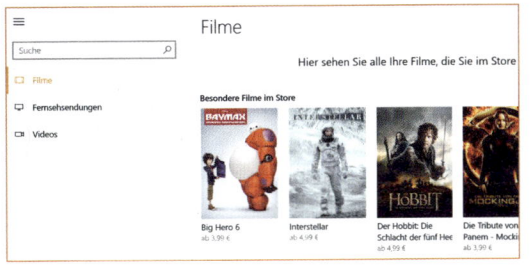

2 Wie bei Groove-Musik durchsucht die App kontinuierlich die Verzeichnisse, die auf Ihrem Rechner in der Video-Bibliothek sind, und fügt diese dem Bereich Videos in der App hinzu.

3 Zusätzlich finden Sie noch die Kategorien Filme und Fernsehsendungen. Diese enthalten die im Windows Store gekauften oder geliehenen Filme und Fernsehsendungen, die Sie ebenfalls über die App anschauen können (siehe „Windows Store: Apps ...", S. 109).

4 Haben Sie die Wiedergabe durch Anklicken des kleinen Vorschaubildchens gestartet, sehen Sie erst einmal nur den Film selbst.

5 Wenn Sie einmal auf den Bildschirm klicken oder tippen, erscheint unten eine kleine Steuerleiste. Mit dieser können Sie das Bild auf einen geeigneten Fernseher umleiten, die schwarzen Streifen des Filmes entfernen (das Bild wird dann entsprechend vergrößert), die Wiedergabe pausieren und wieder starten sowie einige weitere Funktionen.

Nutzen einer Netzwerk-festplatte (NAS)

Oft haben Sie Ihre Mediendateien nicht lokal auf der Festplatte gespeichert, sondern auf einer Netzwerkfestplatte abgelegt, einem sogenannten NAS (Network Attached Storage). Wenn Sie darauf zugreifen möchten, haben Sie zwei Möglichkeiten:

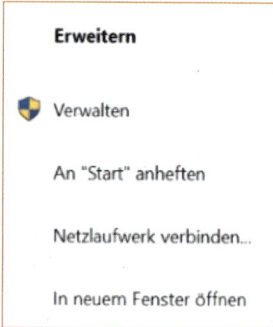

Möglichkeit 1: Netzlaufwerk hinzufügen

Im Standard ist ein NAS für Windows 10 nur ein Gerät im Netzwerk, das nicht wirklich interessiert. Erst, wenn Sie es zu einem Laufwerk machen, können Sie direkt über den Explorer darauf zugreifen.

1 Starten Sie dazu den Explorer und klicken Sie in der rechten Liste mit der rechten Maustaste auf Dieser PC und anschließend auf Netzlaufwerk verbinden.

2 Im sich nun öffnenden Fenster geben Sie zum einen ein, welchen Buchstaben das Laufwerk, unter dem das NAS erreichbar sein soll, haben soll (für Ihre Mediendateien ist beispielsweise „M" wie „Multimedia" eine schöne Idee).

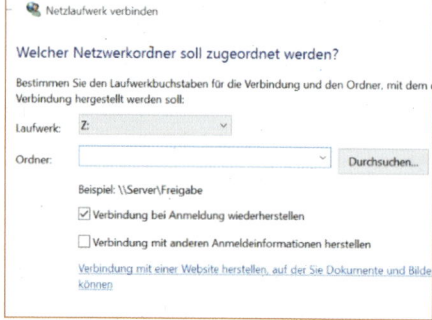

3 Weiterhin müssen Sie den Netzwerkpfad eingeben, unter dem das NAS erreichbar ist. Dieser hat die Form \\<NAS-Name>\<Freigabe>, wobei Sie <NAS-Name> durch den Namen Ihres Netzwerklaufwerkes und <Freigabe> durch den Namen des darauf freigegebenen Bereiches ersetzen müssen. Diese Informationen finden Sie in der Konfigurationsoberfläche Ihres NAS bzw. im Handbuch des Gerätes.

4 Voilà: Schon haben Sie ein neues Laufwerk zur Verfügung, auf das Sie direkt zugreifen können. Suchen Sie sich die gewünschten Mediendateien heraus und starten Sie die Wiedergabe durch einen Doppelklick.

Im Prinzip können Sie dieses neue Laufwerk den Bibliotheken für Musik und Videos hinzufügen, allerdings nur unter einer Voraussetzung: das NAS muss „indizierbar" sein. Einfach gesagt möchte Windows sich jederzeit eine kleine Inhaltsliste der Dateien anlegen, um schneller darauf zugreifen zu können. Ist Ihr NAS Windows-basiert, ist das kein Problem. Bei einem Linux-basierten NAS erhalten Sie eine Fehlermeldung. Dann aber bleibt Ihnen noch die zweite Variante:

Möglichkeit 2: Medienserver nutzen

Die meisten Netzwerkspeicher haben einen sogenannten Medienserver integriert. Dieser agiert quasi als virtueller DJ, der einem Anfragenden Gerät sagt „Du willst Musik? Kein Problem: Hier ist alles, was ich habe. Was soll's denn sein? Such dir was aus!"

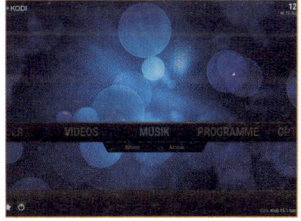

Ob dies auch bei Ihrem NAS der Fall ist und wie Sie diesen Medienserver einschalten, das sagt Ihnen das Handbuch des Gerätes. Keine Sorge: Das ist kinderleicht! Windows 10 unterstützt in Groove-Musik und der Filme & TV-App (noch) nicht den direkten Zugriff, darum laden Sie sich im Internet das kostenlose Programm Kodi (http://www.kodi.tv) herunter.

Nach der Installation und dem ersten Start gehen Sie auf Musik (oder Videos), dann auf Musik hinzufügen und wählen UPnP-Geräte. Wählen Sie in der Auflistung Ihre Netzwerkfestplatte aus und bestätigen Sie die Auswahl, dann haben Sie Ihre Musik oder Videos im Netzwerk sofort verfügbar und können sie abspielen, sobald Ihr Rechner sich in Ihrem Netzwerk befindet.

Optimierung, Tipps & Tricks

Neben Microsoft haben sich auch eine Vielzahl freiwilliger Tester bemüht, möglichst viele Fehler vor dem offiziellen Start von Windows 10 auszumerzen. Trotzdem kennt jeder Anwender die Situation: Man hat eigentlich nichts gemacht und trotzdem wird der Rechner langsam oder will gleich gar nicht mehr starten. Hilfe naht – in diesem Kapitel.

Probleme mit dem Windows Store

Hin und wieder können Probleme mit dem Store auftreten: Dieser ist auf der einen Seite ebenfalls eine App, die ganz normal auf Ihrem PC läuft, auf der anderen Seite hängt daran auch ein Dienst, der auf den Microsoft-Servern läuft.

Möglichkeit 1: Das Problem liegt am Dienst selbst

Prüfen Sie als Allererstes, ob Sie den Store von einem anderen Gerät erreichen können. Geht das nicht, liegt der Fehler bei Microsofts Servern. Bei Ihnen ist dann zwar nichts kaputt, aber es bleibt Ihnen nichts anderes übrig als abzuwarten. Ein guter Indikator ist auch die Statusseite von Microsofts XBOX-Dienst unter http://support.xbox.com/de-DE/xbox-live-status. Wenn auf dieser Seite die Dienste gestört sind, spricht das eher für ein allgemeines Problem.

Möglichkeit 2: Aktualisieren Sie Ihren Windows Store

Das mag wie die Geschichte vom Huhn und dem Ei klingen, hat aber schon seinen Sinn. Wenn Sie Probleme haben, Apps herunterzuladen und der Fehler nicht bei Microsoft liegt, überprüfen Sie zunächst, ob es Updates für den Store selbst gibt: unter Einstellungen, Update und Sicherheit. Oft ist es so, dass ein Update der Store-App technische Änderungen zum Herunterladen von Apps auf Ihr Gerät installiert. Hat der Store sein eigenes Update installiert, klappt es meist auch wieder mit dem Herunterladen „normaler" Apps.

Möglichkeit 3: Zurücksetzen des Windows Store Caches

Keine Sorge – das klingt komplizierter als es ist. Der Windows Store legt Statusinformationen auf der Festplatte Ihres Rechners ab. In einigen Fällen kann es vorkommen, dass diese das Funktionieren des Stores behindern und gelöscht werden müssen. Das geht relativ einfach:

1 Geben Sie im Suchfenster in der Taskleiste „wsreset" ein. Ganz oben erscheint WSRESET als Desktop App.

2 Bewegen Sie den Mauszeiger auf diesen Eintrag, drücken Sie die rechte Maustaste und wählen Sie: Als Administrator ausführen.

3 Der Store wird gestartet, die Anzeige flackert ein paarmal. Schon

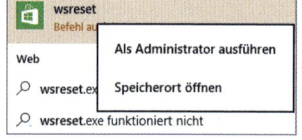

sind die Probleme beseitigt, die von einem unsauberen Cache verursacht wurden. Ganz wichtig dabei: Die installierten Apps werden davon nicht verändert oder gar deinstalliert. Höchstens gnädiger gestimmt, neue Apps neben sich zu dulden.

Laufende Apps, Dienste und Speicher kontrollieren

Sollte Ihr Rechner plötzlich sehr langsam werden und nur noch zögerlich auf Ihre Eingaben reagieren, kann das verschiedene Ursachen haben:

Lösung 1: Apps und Programme mit hoher Last identifizieren und gezielt beenden

Hier kommt der Task-Manager ins Spiel, den Sie vielleicht von früheren Windows-Versionen kennen. Er bietet umfangreiche Informationen über laufende Apps.

1 Durch gleichzeitiges Drücken der Tasten [Strg], [Alt] und [Entf] (bei angeschlossener Tastatur) oder des Ein-Schalters und der Windows-Taste (bei einem Tablet) gelangen Sie in ein kleines Menü.

2 Klicken oder tippen Sie auf Task-Manager.

3 Gehen Sie auf die Option Mehr Details am unteren Rand. Sie bekommen nun eine Übersicht angezeigt, die Ihnen unter anderem die Auslastung von Prozessor und Hauptspeicher anzeigt. Schauen Sie sich die Prozessor- und Speicherauslastung an.

4 Ist einer der beiden Werte hoch, etwa über 90 Prozent, klicken Sie auf die Überschrift CPU oder Speicher, um die laufenden Apps und Dienste so zu sortieren, dass diejenigen mit der höchsten Auswirkung oben stehen.

5 Wenn es sich um eine App handelt, beenden Sie diese durch einen Rechtsklick darauf per Option: Task beenden im unteren Bereich des Fensters. Kontrollieren Sie, ob dies Auswirkungen hat. Wichtig: Sie sind hier schon etwas tiefer in Ihr System eingedrungen. Das Beenden Windows-relevanter Programme sollten Sie vermeiden – auch wenn ein Neustart alles wieder in Ordnung bringen sollte. Suchmaschinen wie Google oder bing können wertvolle Hilfe leisten: Wenn der Übeltäter ein Eintrag mit kryptischem Namen ist, suchen Sie nach diesem Namen. Oft hält das Internet mannigfaltige Hinweise bereit, worum es sich handelt.

Lösung 2: Löschen oder Auslagern von Dateien

Manchmal ist es ganz einfach: Wenn die Festplatte voll wird, hat Windows eine besondere Herausforderung, Dateien in einem Rutsch darauf zu schreiben – stattdessen muss es häufig auf der Festplatte hin und her springen, um freie Speicherbereiche zu finden.

Dieses generelle Problem der sogenannten Fragmentierung löst Windows zwar weitestgehend selbst, Sie können aber helfen, indem Sie Speicherplatz freigeben. Das kann im einfachsten Fall durch das Löschen von Dateien und alten Systemdateien geschehen – oder durch das Auslagern der Film-, Foto- und Musiksammlung auf ein externes Laufwerk.

Lösung 3: Deinstallieren von Apps und Programmen

Nicht mehr benötigte Apps und Programme sollten nicht einfach gelöscht, sondern sauber deinstalliert werden. Dann bleiben keine Reste auf der Festplatte zurück:

1 Kontrollieren Sie den Speicherplatz, den Apps und Programme auf der Festplatte wegnehmen, indem Sie in den Einstellungen von Windows 10 auf System, dann auf Apps & Features klicken.

2 Gerade wenn Sie Ihren Rechner schon eine Weile nutzen und nun auf Windows 10 aktualisiert haben, werden Sie höchstwahrscheinlich Programme finden, die Sie eigentlich gar nicht (mehr) nutzen, die aber eine Menge an Platz blockieren. Die Apps sind abwärts nach Größe geordnet.

3 Klicken oder tippen Sie eines an. Wollen Sie es löschen, aktivieren Sie die dann erscheinende Schaltfläche Deinstallieren.

Lösung 4: Bereinigen der Festplatte

1 Starten Sie den Windows Explorer und klicken Sie auf Dieser PC.

2 Klicken Sie auf den Eintrag für Ihre Festplatte – zumeist C: – mit der rechten Maustaste.

3 Klicken Sie jetzt auf Eigenschaften, dann auf Bereinigen. Warten Sie einen Moment, bis Windows die Festplatte Ihres Rechners analysiert hat.

4 In der Liste der möglichen zu bereinigenden Elemente auf der Festplatte können Sie nun selbst auswählen, was Sie löschen lassen möchten. Es handelt sich bei diesen Dateien um Protokolldateien, den Papierkorb, nicht gelöschte temporäre Dateien – alles Dinge, die sie im Normalfall löschen können, ohne die Stabilität Ihres Rechners zu gefährden.

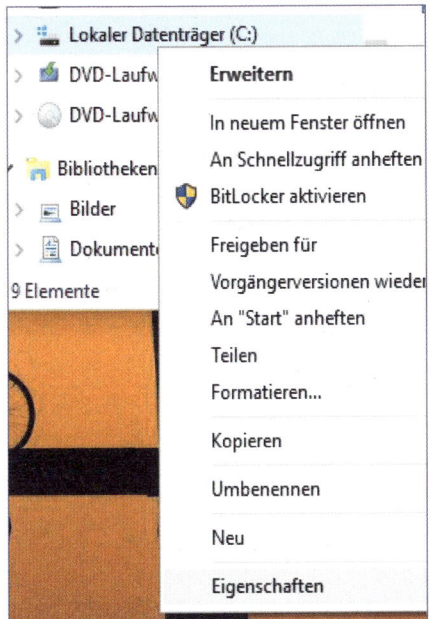

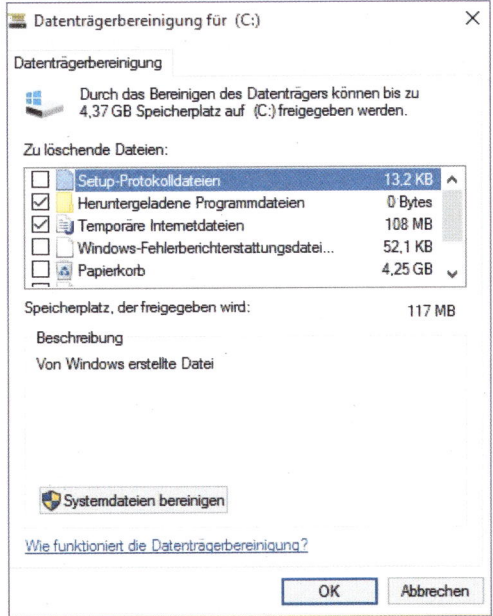

Wiederherstellungslaufwerk einrichten

Im Normalfall kann ein PC ganz einfach wiederhergestellt werden, weil er die Installationsdateien von Windows 10, die zum Neueinrichten des Gerätes benötigt werden, in einem versteckten Bereich der Festplatte gespeichert hat: der sogenannten Wiederherstellungspartition. Wenn Sie Ihr Gerät von Windows 7 oder 8 auf Windows 10 aktualisiert haben, ist diese Partition auch automatisch auf Windows 10 aktualisiert worden. Allerdings kann es vorkommen, dass diese mal beschädigt wird. Daher ist es sinnvoll, ein sogenanntes Wiederherstellungslaufwerk erstellen zu lassen, quasi einen Notfallplan für den Fall der Fälle.

Wiederherstellung
Systemsteuerung

Erweiterte Wiederherstellungstools

🛡 Wiederherstellungslaufwerk erstellen
Erstellen Sie ein Wiederherstellungslaufwerk zur Problembe
kann.

🛡 Systemwiederherstellung öffnen
Hiermit können Sie kürzlich vorgenommene Systemänderu
Dateien wie Dokumente, Bilder und Musik zu ändern.

🛡 Systemwiederherstellung konfigurieren
Sie können Wiederherstellungseinstellungen ändern, Speic
erstellen oder löschen.

1 Geben Sie dazu im Suchfeld der Taskleiste Wiederherstellung ein und klicken Sie anschließend auf Wiederherstellung.

2 In der sich öffnenden Systemsteuerung klicken Sie auf Wiederherstellungslaufwerk erstellen.

3 Sie brauchen einen USB-Stick von 8 Gigabyte (GB), bei manchen PCs auch 16 GB. Halten Sie ihn bereit und stecken Sie ihn auf Anforderung ein. Windows kopiert nun alle relevanten Dateien auf diesen Stick

4 Legen Sie den Stick gut beiseite, damit Sie ihn im Fall der Fälle finden. Dazu bietet sich beispielsweise die Originalverpackung Ihres Rechners an.

Windows 10 zurücksetzen

Wenn die vorangegangenen Tipps nicht zum gewünschten Erfolg geführt haben oder aber Sie aus einem anderen Grund entschieden haben, dass Sie Ihr Windows gerne einmal neu aufsetzen möchten, können Sie dies ganz einfach mit den folgenden Schritten tun:

1 Wechseln Sie in die Einstellungen von Windows 10. Gehen Sie hier auf Update und Sicherheit und in diesem Menü auf Wiederherstellung.

2 Sie können nun zwischen zwei Optionen wählen:

Diesen PC zurücksetzen

Wenn Ihr PC nicht einwandfrei läuft, könnte es hilfreich sein, ihn zurückzusetzen. Dabei können Sie auswählen, ob Sie Dateien beibehalten oder entfernen möchten, und Windows anschließend neu installieren.

Los geht's

▶ **Eigene Dateien beibehalten** setzt Apps und Einstellungen zurück, Ihre eigenen Dateien bleiben aber erhalten.

▶ **Alles entfernen** gleicht einer Neuinstallation, bei der alles in den Urzustand zurückgesetzt wird und dadurch auch alle Daten gelöscht werden.

Nach dem Abschluss ist der Einrichtungsvorgang nicht anders als bei der Ersteinrichtung von Windows 10.

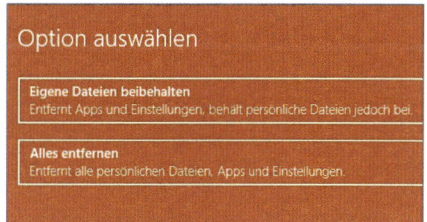

Option auswählen

Eigene Dateien beibehalten
Entfernt Apps und Einstellungen, behält persönliche Dateien jedoch bei.

Alles entfernen
Entfernt alle persönlichen Dateien, Apps und Einstellungen.

Übrigens: Wenn Sie die Synchronisation mit dem OneDrive nutzen und die entsprechenden Optionen alle eingeschaltet haben, kann das Zurücksetzen Ihres Rechners oft weitaus schneller sein als die langwierige Fehlersuche, warum eine bestimmte Funktion oder App nicht mehr läuft. Denn nach der Neuinstallation werden die meisten Einstellungen und Konten zurückgeholt und die Apps sind über die Bibliothek des Windows Stores schnell wieder installierbar. Einzig die Programme, die nicht über den Windows Store installiert wurden, müssen manuell neu installiert werden.

Weitere Tipps und Tricks

Programme und Features
Energieoptionen
Ereignisanzeige
System
Geräte-Manager
Netzwerkverbindungen
Datenträgerverwaltung
Computerverwaltung
Eingabeaufforderung
Eingabeaufforderung (Administrator)

Task-Manager
Systemsteuerung
Explorer
Suchen
Ausführen

Herunterfahren oder abmelden
Desktop

Windows 10 ist bereits sehr benutzerfreundlich, aber trotzdem gibt es noch die eine oder andere Möglichkeit, sich das Leben komfortabler zu gestalten.

Schneller Zugriff auf Systemfunktionen

Die für den normalen Anwender wichtigen Konfigurationsmöglichkeiten finden sich ordentlich aufgereiht und kategorisiert in den Einstellungen von Windows 10. Wer die eine oder andere Funktion von früher vermisst, findet sie noch immer, indem er ihren Namen im Suchfeld der Taskleiste eingibt. Einen ganzen Satz versteckter, aber von erfahrenen Anwendern häufiger verwendeten Einstellungen erhalten Sie, wenn Sie den Mauszeiger auf den Windows-Button unten links am Bildschirm bewegen und dann die rechte Maustaste drücken.

Tastatur und Benachrichtigungssymbole im Tabletmodus ermöglichen

Der Tabletmodus von Windows 10 ist großartig, wenn Sie ein Gerät mit einem Touchscreen Ihr Eigen nennen. Allerdings fehlen zwei wichtige Dinge, die sich normalerweise in der – im Tabletmodus aufgeräumten – unteren Bildschirmleiste befinden: Das kleine Tastatursymbol, mit der Sie manuell die Bildschirmtastatur einblenden können, sowie die Benachrichtigungssymbole. Diese auch im Tabletmodus zu bekommen, ist aber ganz einfach: Klicken Sie mit der rechten Maustaste in einen freien Bereich der unteren Bildschirmleiste und wählen Sie nun Bildschirmtastatur anzeigen (Schaltfläche) bzw. Alle Benachrichtigungssymbole anzeigen.

App-Symbole anzeigen
Alle Benachrichtigungssymbole anzeigen
Bildschirmtastatur anzeigen (Schaltfläche)
Anzeigen von Sprache wechseln

Anpassungen der Taskleiste

Manchmal sind es die kleinen Tricks, mit
denen es am eignen virtuellen Arbeitsplatz
komfortabel wird. Führen Sie einen Rechtsklick auf die Taskleiste aus und gehen Sie
auf Eigenschaften.

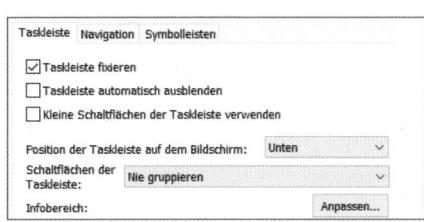

▶ **Taskleiste fixieren:** Ist diese Funktion deaktiviert, können Sie
die Taskleiste an einen der drei anderen Bildschirmränder schieben
und ihre Dicke verändern. Danach kann sie wieder fixiert werden.

▶ **Taskleiste automatisch ausblenden:** Bringt Platz auf kleinen
Bildschirmen. Die Leiste fährt hoch, wenn der Mauszeiger unten ist.

▶ **Kleine Symbole verwenden:** Verkleinert die angepinnten
Symbole und damit die Dicke der Taskleiste.

▶ **Schaltflächen der Taskleiste:** Die verschiedenen Optionen
regeln, wie breit eine laufende App in der Taskleiste dargestellt wird
– und wie viele Informationen in dem App-Feld dargestellt werden.

▶ **Apps an der Taskleiste festpinnen:** Rechtsklick auf eine laufende App, Option Anheften.

▶ **Dateien einer App festpinnen:** Funktioniert genauso wie
oben. Zum Loslösen einfach erneut auf die Stecknadel klicken.

▶ **Zum Desktop wechseln:** Kaum sichtbar – aber wenn Sie auf
das kleine Feld rechts neben der Uhrzeit klicken, werden alle Apps
auf einmal minimiert und Sie gelangen zum Desktop. Erneutes Klicken darauf maximiert alle Apps in den vorherigen Zustand.

Die guten alten Tricks

Fassen Sie einmal ein Fenster mit der Maus am oberen Rand an und
„schütteln" Sie es: Alle anderen offenen Fenster werden minimiert.
Erneutes Schütteln kehrt den Effekt um. Die Funktion wurde mit
Windows 7 eingeführt und besteht noch immer. So verhält es sich
mit vielem. Wenn Sie von früher einen Trick oder eine Anpassung
kennen, probieren Sie sie auch unter Windows 10 aus: meistens
klappt es. Windows ist und bleibt Ihr bekanntes digitales Zuhause.

Hilfe

Stichwortverzeichnis

Andreas Erle ist Autor zahlreicher Bücher, Zeitschriften- und Online-Artikel rund um die Themen Smartphone und mobiles Internet, zu der er auch die umfangreiche Seite www.worldofppc.com betreibt. Er ist seit über 15 Jahren in den Hilfe- und Support-Foren von Microsoft aktiv und wurde dafür mehrfach als MVP (Most Valuable Professional) ausgezeichnet.
In der Stiftung Warentest ist von ihm bereits der Ratgeber „Windows Phone" erschienen.

© 2015 Stiftung Warentest, Berlin

Stiftung Warentest
Lützowplatz 11–13
10785 Berlin
Telefon 0 30/26 31–0
Fax 0 30/26 31–25 25
www.test.de
email@stiftung-warentest.de

USt-IdNr.: DE136725570

Vorstand: Hubertus Primus
Weitere Mitglieder der Geschäftsleitung:
Dr. Holger Brackemann, Daniel Gläser

Programmleitung: Niclas Dewitz

Autor: Andreas Erle
Projektleitung/Lektorat: Johannes Tretau
Mitarbeit: Florian Ringwald, Karsten Treber
Korrektorat: Hartmut Schönfuß, Berlin
Fachliche Unterstützung: Daniel Coenen, Christian Schlüter, Kirstin Wethekam
Titelentwurf: Sylvia Heisler
Layout: Sylvia Heisler
Grafik, Satz: Silvia Pohling, Berlin
Screenshots: Andreas Erle
Bildnachweis: gettyimages, thinkstock (Umschlag)

Produktion: Vera Göring
Verlagsherstellung: Rita Brosius (Ltg.), Susanne Beeh
Litho: tiff.any, Berlin
Druck: Rasch Druckerei und Verlag GmbH & Co. KG, Bramsche

ISBN: 978-3-86851-226-7